MARIE-LOUISE FLEMBERG

Kristina Gyllenstierna

Kvinnan som stod upp mot Kristian Tyrann

2:a upplagan

SANTÉRUS
FÖRLAG

www.santerus.se

VARNING!
All textkopiering ur denna bok är enligt
upphovsrättslagen förbjuden utan skriftligt tillstånd från förlaget.
Detta förbud gäller även för undervisningsbruk.

©2020 Marie-Louise Flemberg och Santérus Förlag, Stockholm
ISBN 978-91-7359-149-2

Redaktionellt arbete: Johan Flemberg och Santérus Förlag
Layout inlaga: Santérus Förlag
Omslag: MACRhino
Skulpturen som avbildas på omslaget är gjord av den svenske skulptören
Theodor Lundberg och står på yttre borggården, Stockholms slott.

Santérus Förlag ger också ut böcker
under namnet Santérus Academic Press
info@santerus.se
Tryck: BOD, Tyskland 2020

Innehåll

Förord • 9

En kvinna i maktens centrum • 11
  Kristinas släkt • 11
  Förlovning och giftermål • 16
  Anteckningar om barnens födelse • 18
  Hörningsholmstomten • 22
  Ett donatorsporträtt • 24
  Ett porträtt? • 26
  Donationer • 27
  Sturarnas tid • 28
  Sten Sture den äldre (1440–1503) • 31
  Svante Nilsson Natt och Dag (1460–1511) • 33
  Sten Svantesson Sture (1492–1520) • 34
  Brev • 35

Krig och politik • 39
  Politik • 39
  Jakob Ulfsson • 44
  Gustaf Trolle • 45
  Från riksföreståndare till kung? • 47
  Avsättningen av Trolle • 51
  Ny ärkebiskop • 54

Slaget vid Brännkyrka • 55
Hemming Gadh • 56
Arcimboldus • 57
Möte i Arboga 1518 • 58
Kristian II rustar • 59
Slaget på Åsunden • 62
Förräderi? • 65

Försvar och kapitulation • 67
Kristina • 67
Resan till Danzig • 73
Uppsalamötet – stillestånd • 75
Strid i Tälje • 77
Sidbyte • 77
Långfredagsslaget • 79
Stockholm • 80
Befästningen • 80
Belägringen • 85
Kalmars fall • 85
Kapitulationen • 87
Förhandlingar • 87
Dokumentet och villkoren • 90
Intåget • 91
Kröningen • 93
Anklagelserna • 94
Sammansvärjningsbrevet • 96
Sententian • 99
Blodbadet • 102
Kristians planer för Stockholm • 107
Efterspelet • 109
Relationen 1523 • 109
Senare öden • 110

Fånge i Danmark • 113
    Fångenskapen • 113
    Kalundborg • 116
    Nils Sture och Peder Jakobsson • 117
    Kristian II • 120
    Avsättningen av Kristian II • 121
Åter i Sverige • 125
    Vad hände då i Sverige? • 125
    Frigivandet och återkomsten • 126
    Kristinas förmögenhet • 129
    Sören Norby och frieriet • 130
    Avböjandet av frieriet • 138
    Ekonomin efter befrielsekriget • 139
    Arvskifte • 140
    Reformationen • 141
    Biskop Brask • 142
    Kristinas bönbok • 142
    Berend von Melen • 146
    Nytt äktenskap • 148
Dalauppror • 151
    Peder Jakobsson (Peder Kansler eller Peder Sunnanväder) • 151
    Mäster Knut • 154
    Allmogens klagan • 154
    Nils Stensson Sture – sorgebarnet • 159
    Var befann sig Nils? • 162
Daljunkern • 165
    Fru Inger på Östråt • 169
    Visste Kristina? • 171
    Ett falskt rykte • 171
    Jöns Hansson? • 176

Slutspel i Rostock • 179
  Mot Rostock • 179
  Gylers uppdrag • 179
  Tre brev • 181
  Gustavs brev till Kristina • 182
  Konceptet • 182
  Rostockbrevet • 184
  Rättegången • 190
  Domen • 192
  Fritagningsförsöket • 193
  Vad hände egentligen? • 194
  Kvarlåtenskap • 196
  von Melen • 198
  Johan av Hoya • 198
  Var Daljunkern Nils Sture? • 199

Vad hände sedan? • 205
  Västgötaupproret 1529 • 205
  Svante Stensson Sture • 209
  Yngste sonen Gustaf Johansson (Tre Rosor) • 212
  Kristinas senare år • 213
  Kristina i eftervärldens ögon • 214
  Statyn • 215

Slutord • 219

Personlista • 222

Förkortningar • 226

Bibliografi • 227

Noter • 232

Personregister • 240

Förord

För inte så länge sedan var Kristina Gyllenstierna ett namn laddat med symbolvärden såsom försvar av fäderneslandet, tapperhet och stolthet. Under det sena 1800-talet och tidiga 1900-talet, när nationella stämningar präglade mycket av kulturlivet och politiken i Sverige, hölls hon upp som exempel för barn och ungdomar, för kvinnor i allmänhet men också som symbol för värnandet av det egna landet, helt enkelt för fosterlandskärlek.

Idag är hon bortglömd av de flesta, möjligen skymtar hon som ett namn man hört men glömt vem det tillhörde. Jag tycker att det är dags att plocka fram henne igen ur historiens dimmor och berätta om hennes liv. Hon levde under det stormiga och konfliktfyllda 1500-talet och runt henne rörde sig personer som Sten Sture den yngre, som var hennes make, Gustav Vasa som var hennes kusin, Kristian "Tyrann", Gustaf Trolle och många andra vars namn ännu är kända för de flesta. Det här är berättelsen om en kvinna som från tidig ungdom hamnade i maktens centrum när hon som riksföreståndarens änka tog befälet över det belägrade Stockholms slott år 1520.

Under många år har jag på min arbetsplats, Stockholms slott, passerat bronsstatyn av henne. Hon har stått där, stolt och lite oåtkomlig, och lockat min fantasi och väckt min nyfikenhet. För mig liksom för många andra var hon mest ett namn, men vad visste man egentligen om henne mer än att hon en gång försvarade Stockholms slott? Det här är ett försök att fylla ut bilden av henne.

Ett stort tack riktar jag till Stiftelsen Gustav VI Adolfs fond för svensk kultur för ett generöst bidrag till tryckningen av boken.

För den hjälp jag fått under arbetets gång vill jag först och främst tacka min make Johan Flemberg för ständig uppmuntran och alla roliga diskussioner.

Docent Claes Gejrot på svenskt Diplomatarium har välvilligt försett mig med kopior av otryckta dokument i Riksarkivet och hjälpt till med sökningar i arkiven.

Professor emerita Wibeke Vinge i Köpenhamn tackar jag för tydning och översättning av de handskrivna texter på medellågtyska som jag citerar, liksom Bodo Keipke vid Rostocks Staatsarchiv för kopiering av två viktiga dokument.

Min gode vän astronomen fil. dr Göran Henriksson i Uppsala har hjälpt mig med tolkningen av datumuppgifterna i Kristinas bönbok.

Intendent Eva-Lena Karlsson på nationalmuseum vill jag tacka för kommentarer och synpunkter på ett porträtt som ansetts föreställa Kristina Gyllenstierna.

Sist men inte minst vill jag tacka min förläggare Torbjörn Santérus för ständig uppmuntran och roliga samtal.

Sigtuna i januari 2017

Marie-Louise Flemberg

En kvinna i maktens centrum

En kall februarikväll år 1520 färdas en släde i ilfart över Mälarens is. I släden ligger den unge riksföreståndaren Sten Sture allvarligt sårad och destinationen är slottet i Stockholm. Det är på hans enträgna begäran man gör färden – men förgäves. Väl framme var den 26-årige mannen redan död och det var ett sorgebud man fick överlämna till hans unga hustru, Kristina Gyllenstierna, en 25-årig kvinna som nu blev änka med fem små barn och ett väntande sjätte. Hennes liv tog denna dag en ny vändning. Med kort betänketid gav hon sig in i en politisk kamp med våldsamma inslag som även ute i ett luttrat Europa väckte bestörtning. Två av hennes bröder avrättades i Stockholms blodbad och själv blev hon fånge.

Vem var då denna unga kvinna och varför hamnade hon i händelsernas centrum i så många år?

KRISTINAS SLÄKT

Den första hälften av 1500-talet var de stora omvälvningarnas tid. För Nordens del och med vårt sena perspektiv döper man också om tiden från medeltiden till den nya tiden. Den tid Kristina Gyllenstierna levde under var turbulent inom

1. Carl Gustaf Hellqvist målning *Sten Sture den yngres död på Mälarens is* från 1880. Målningen finns på Nationalmuseum. Källa: Wikimedia Commons.

många områden, inte bara inom politiken. Man upplevde Kalmarunionens slutskede, inom religionen skulle man snart överge sin katolska tro efter nära 600 år och övergå till den protestantiska. Under många år var Sverige och Danmark i krig, allianser slöts och bröts över gränserna. Det finns en hel del bevarad samtida dokumentation om till exempel de grymma händelserna vid Stockholms slott och blodbadet – ändå är det mycket vi inte vet. Det gäller inte så mycket händelserna i sig som varför. Det var ett dramatiskt decennium med mycket dramatik med politiska utspel, inbördeskrig, bannlysning och interdikt från påven och på scenen agerar ett antal starka viljor.

Kristina Nilsdotter var dotter till Nils Eriksson Gyllenstierna (1457–1495) och Sigrid Eskilsdotter Banér (1454–1527).[1] Ätten Gyllenstierna hade danskt ursprung men var sedan en tid etablerad i Sverige. Ättens sköldemärke var en gyllene stjärna på blå botten.

Under unionstiden hade många danska och svenska adelssläkter egendomar på båda sidor om gränsen, till följd av ingångna äktenskap, arvsskiften och köp. Det kan tyckas rörigt och snårigt med alla uppgifter om släktskap, men i gengäld blir det så mycket lättare att se mönster och förklaringar till händelseförlopp med dem i bakhuvudet.

Kristinas far, Nils Eriksson Gyllenstierna, hade större delen av sin släkt kvar i Danmark där släkten är känd sedan mitten av 1300-talet. Dess förste kände medlem var riddaren och riksrådet Niels Eriksen Gyldenstierne till Aagaard och Restrup på Jylland. Denne Niels var född ca 1280 och hade sönerna Nils och Erik, två namn som senare hela tiden används i släkten.

Kristinas far Nils skrev sig till Fogelvik, i Gryts socken längst in i Tryserumsviken, en egendom där han var född och som han senare också ärvde efter sin morfar kung Karl Knutsson, som i sin tur hade ärvt den år 1429. Nils Gyllenstierna var svenskt riksråd från år 1481. Han blev senare (år 1485) också hövitsman på Kastelholms slott på Åland och från 1491 på Viborgs slott, på det Karelska näset inne i Finska viken. Under dessa år uppehöll han sig mestadels på Åland och i Finland men ibland gjorde han resor till Sverige, vilket vi kan följa genom brev och dokument. Var hans hustru Sigrid under tiden uppehåller sig framgår inte, men eftersom ingenting tyder på att hon följde honom i tjänsten tror jag att hon rörde sig mellan familjens gods i Uppland och möjligen Sörmland.

Nils egen far Erik Eriksson Gyllenstierna som föddes i Danmark, närmare bestämt på Demstrups herrgård på Jylland, hade redan under tidigt 1400-tal bosatt sig i Sverige i samband med att han hade gift in sig i den svenska adelssläkten Bonde genom att äkta kung Karl Knutsson Bondes äldsta dotter Kristina år 1446. Möjligen var det efter henne som vår Kristina uppkallades. Nils själv var gift för andra gången med Sigrid Eskilsdotter Banér.

Sigrids far, Eskil Isaksson Banér (ca 1415–ca 1488) skrev sig till Venngarn, som han hade ärvt efter en avlägsen släkting. Venngarn ligger ett par km norr om Sigtuna, intill Garnsviken som mynnar i Mälaren. Senast år 1445 utnämndes Eskil till riksråd och dubbades till riddare vid Kristoffer av Bayerns kröning. Sigrids mor var Cecilia Haraldsdotter Gren (död ca 1485), dotter till riddaren och riksrådet Harald Stensson Gren till Ål och Sigrid Tomasdotter van Vitzen.

Kristinas mor Sigrid föddes troligen på Gäddeholm, en herrgård i Irsta socken ungefär 1 mil söder om Västerås, icke att förväxla med Gäddeholm i Sörmland. Gården, som har gamla anor, är vackert belägen vid Västeråsfjorden. Den nuvarande huvudbyggnaden är från 1600-talet. I sitt första gifte år 1457 med riksrådet och riddaren Måns Karlsson (Eka) fick hon år 1476 dottern Cecilia, som vi kommer att höra mer om. Efter makens död gifte hon sig för andra gången med Nils Eriksson Gyllenstierna år 1487. Med honom fick Sigrid tre barn, dottern Kristina och sönerna Eskil och Erik. Sönernas födelseår är inte kända, men de tycks ha varit rätt så jämngamla med Kristina.

Vår huvudperson Kristina Nilsdotter Gyllenstierna föddes troligen år 1494, enligt vissa uppgifter den 6 januari. Möjligen var det på Lindholmens sätesgård i Orkesta socken i Uppland. Det finns berättelser om att hennes mor Sigrid vid den tiden ska ha besökt sin syster Cecilia, som då bodde på Lindholmen. Några år senare blev systern Cecilia mor till Gustav Vasa, som möjligen också föddes på Lindholmen. Uppgifterna är osäkra och går isär.

Men det kan också ha varit på Venngarn strax utanför Sigtuna som Kristina föddes. Båda gårdarna har nämnts som

2. Venngarns slott vid slutet av 1600-talet. Källa: *Suecia antiqua et hodierna* I, pl. 148.

tänkbara eftersom de ägdes av släkten Banér. Det är känt att Sigrid under många år bodde på Venngarn tillsammans med sin make och det var också dit hon återvände efter fångenskapen i Danmark.

Ett brev utfärdat av ärkebiskop Jakob Ulfsson visar att Kristinas far Nils befann sig i Uppsala i juni 1494 men ingenting sägs om hur lång vistelsen var. Möjligen kan han väl ha varit i Sverige just på grund av barnets födelse. Han återvände till Karelen och där dog han året efter. Kristina kan alltså inte haft några minnen av honom. Om Kristinas tidiga barndom vet man just ingenting. Troligen tillbringade mor, dotter och de två bröderna de närmaste åren på Venngarn, som då var betydligt mindre än idag. Det nuvarande slottet är av senare datum, byggt omkring 1660, men på det gamla Venngarns grund. I källarvalven kan man fortfarande se det ursprungliga husets grundplan, rum och storlek. Men det gamla huset har fått en rejäl på- och utbyggnad, där nu också en barockkyrka ingår. Om det fanns en kyrka där på Eskils och Sigrids tid är okänt, men möjligen kan det ha funnits ett mindre träkapell utanför boningshuset. Kristinas mor dog på Venngarn och begravdes i Mariakyrkan i Sigtuna, ridvägen en sträcka på cirka 3 km och båtvägen på ca 5 km. Jag föreställer mig att Kristinas barndom där ute på landet förflutit ganska lugnt och händelselöst utan stora dramatiska inslag. Slottet Venngarn kan man besöka idag där det ligger vackert vid Garnsviken omgivet av en park.

Hur det var med hennes utbildning vet vi inte mer om än att hon uppenbarligen kunde läsa och skriva. Det finns anteckningar av hennes hand i en bevarad bönbok, som jag återkommer till. Men eftersom hon tillhörde högadeln och en förmögen familj med politiskt inflytande kan man betrakta det som självklart att hon fick en god utbildning som innefattade det en ung kvinna behövde kunna och veta. Hur mycket boklig bildning som ingick är svårt att säga. Tyvärr saknas det i Sverige ofta information om kvinnors bildning. Det vi känner till gäller vanligen klostrens kvinnor där det, som i Vadstenadiariet, då och då kommenteras. Men å andra sidan kan man bakvägen sluta sig till viss boklig bildning eftersom man kan se att nunnor från adelssläkterna ofta får skrivuppgifter i klostret. Säkerligen beroende på att de redan var fullt kapabla på det området.

FÖRLOVNING OCH GIFTERMÅL

Som brukligt var började man tidigt planera för Kristinas giftermål. Hur mycket som hade med politik att göra respektive möjligheten till ett bra ekonomiskt gifte är svårt att säga, men man kom fram till att ett äktenskap med en danskvänlig adelsfamilj var lämpligt och valet föll på den unge riddaren Nils Gedda, som var hövitsman på Kalmar slott. Han var några år äldre än Kristina som vid förlovningen år 1505 bara var 11 år. Om de båda överhuvudtaget hade träffats före förlovningen är okänt.

Hennes fästman Nils Gedda hade dubbats av den danske Kung Hans när denne kröntes i Stockholm år 1497. Hans satt som unionskung också på Sveriges tron, även om Svante Sture som svensk riksföreståndare hade den omedelbara makten i Stockholm. Men redan tre år senare dör Nils Gedda. Sigrid spiller ingen tid och redan året efter, år 1509, förlovas den nu 15-åriga Kristina bort på nytt, nu med riksföreståndarens son, Sten Svantesson Sture. Nils Gedda hade varit hans morbror.

Man kan väl säga att dessa händelser var typiska för perioden. Från en danskvänlig svärson med goda förbindelser med den danskfödde kungen gjorde man nu ett lappkast och valde den mest svenskvänliga familjen Sture som å andra sidan satt på makten i Stockholm. Lojalitetsbyten fram och tillbaka, ofta med korta mellanrum och flera efter varandra, bidrar i hög grad till den rörighet som präglar slutet av unionstiden. Säkert uppstod det ibland osäkerhet om en persons tillhörighet för stunden.

Vi har få underrättelser om Kristina för tiden före förlovningen den 21 oktober 1509 och bröllopet som ägde rum i Stockholm den 16 november 1511. Hon var då 17 år och Sten Sture 18. Den unge Stens föräldrar var Svante Nilsson Natt och Dag (ca 1460–1512) och Iliana Erengisledotter Gädda (död 1495).

I morgongåva gav Sten Svantesson Kristina bland annat sätesgården Gäddeholm (nuvarande Tureholm) i Södermanland med flera gårdar i dess närhet, dessutom sex gårdar på Mörkö. Gåvobrevet som finns i original på pergament i Riksarkivet är daterat den 17 november 1511 på Stockholms slott.[2] Sten börjar brevet så här:

> Jach Steenn Swanthesson i Geddeholm riddere
> gör wittherligt met thette mytt opne breff, at jach
> met kierlighedt och god wilie thessliges met mynn

elskelige kiere faders och myne nesthe wenners och frenderss raad och samtycke wntt och giffuit haffuer, och met thette mytt opne breeff wndner och giffuer till ewerdelighe eyge erlig, welbyrdug quinnæ, mynn elskelige, kiære, husfru Kerstine Nielssdatther till hederss, ære och morgengaffuer paa retthenn hinderss dag thesse effterskriffne mynne gardt och godtz, furst mynn sædegardt Geddeholm, item på Mörcköö sex gardhe renthe [...] Trosae socken [...] Wesby [...] Wagnnheret [Vagnhärad] socken [...] Kwmble [...] Westerlwnge socken [...] Möckleby [...].[3]

Som vittnen står hans far och elva andra män.

Under åren som följde födde Kristina i rask takt sex barn: Sonen Nils, uppkallad efter sin morfar, föddes den 21 november 1512, Iliana, döpt efter sin farmor, föddes den 8 juni 1514 men dog redan som spädbarn, Magdalena, möjligen uppkallad efter kung Karl Knutssons ena dotter, föddes den 8 januari 1516, sonen Svante, döpt efter sin farfar, den 1 maj 1517, Anna den 14 december 1518 och en liten son, med okänt namn, som föddes efter faderns död år 1520, troligen i september år 1520.

ANTECKNINGAR OM BARNENS FÖDELSE

År 1570 hittades i Finland ett pergamentblad ur en bönbok och man anser att bladet kommer från en liten bönbok som har tillhört Kristina.[4] Bönboken finns nu på Kungliga biblioteket i Stockholm.[5] Första sidan bär Kristina Nilsdotters initialer C och N. På det lösa pergamentbladet har vi anteckningar från henne som rör just barnens födelse. Man har ansett att de verkligen är gjorda av hennes egen hand och inte av någon mer skrivkunnig. Carl Silfverstolpe påpekar att flera ord, särskilt de latinska, "kan icke gerna tillskrifvas någon af den tidens skrifkunnige män".[6] Det kan betyda att hon var skrivkunnig men kanske inte hade någon större skrivvana. Anteckningarna om barnen var ju också helt privata och inte tänkta som något dokument.

Det som hon fann vara viktigt att anteckna och bevara förutom själva datum för barnens födelse var stjärntecknet och månens fas vid födseln. Så här skriver hon om sin förstfödde son Nils födelse:

> "Arum effter Gudz byrdh tusande vxij, viii dagen i decembri månath, syndaghæn för sancte Clemenss dagh, thå war min son Nielss Sture födh, Gudi till hedher ok ære. I then sama dagh war nyedh i fylle och tecknidh i wyrgåå [Virgo]." (Åren efter Guds börd 1512 åttonde dagen i december månad, söndagen före Sanct Clemens dag, då var min son Niels Sture född, Gud till heder och ära. I den samma dagen var nyet i fylle och tecknet i Jungfrun.)

"nyedh i fylle" betyder att det var fullmåne. Också de andra barnen antecknas. Nils födelsedatum är enligt Silfverstolpe den 21 november 1512, men uppgifterna är motstridiga.[7]

Därefter följer de övriga barnens födelsenotiser:

> "Aren effter Gwdz byrdh tusande v på thet xiiij, torsdagen nest för sancte Barnabe apostole dagh, tha war min dotther Ilieende födh, Gwdij till loff, heder ock ære, i nythennyngenne i ko thekn i iulij månath." (Åren efter Guds börd 1500 på det fjortonde, torsdagen före aposteln S. Barnabas dag,[8] då föddes min dotter Iliana, Gud till lov, heder och ära, i nytändningen i Oxens [?] tecken i juli månad.)

"Aren effter Gudz byrdh md på thet xvj, tisdagen effter helle tri kåånungh dagh, thå war min dotter Magdalena födh, Gudi till loff, heder och ære i ny beginnelsse i pissis teckn, januarij månadh." (Åren efter Guds börd 1500 på det sextonde, tisdagen efter heliga tre konungars dag,[9] då föddes min dotter Magdalena, Gud till lov, heder och ära, i nytändningen i Fiskarnas tecken, januari månad.)

"Aren effter Gudz byrdh md påå thet xvij, thå min son Swante födder war sancte Philippi et Jacobij dag i mai månadh, ythersta i nedaneth i libra teken." (Åren efter guds börd 1500 på det sjuttonde, då föddes min son Svante på S. Filippus och S. Jakobs dag i maj månad,[10] då månen stod ytterst i nedan i Vågens tecken.)

"Arone effter Gudz byrdh md på thet xwiij år, tisdagen nest effter sancte Anne dag, war min dotter Anna födh, Gudi till loff, heder och ære, xiii dagen decembri moneth, ock var nyeth i fylle ock tecknidt war annan dagh tauruss." (Åren efter Guds börd 1500 på det artonde året, tisdagen näst efter S. Annas dag,[11] föddes min dotter Anna, Gud till lov, heder och ära, trettonde dagen i december månad, då det var fullmåne och tecknet stod i Oxen.)

Däremot tycks hon inte ha gjort någon anteckning om den lille son som föddes efter faderns död hösten 1520. Vi har därför inget datum för den födseln. Men för sonen Gustaf som hon fick i sitt andra gifte har hon skrivit:

"Arone effter Gudz bördh md xxxi sancti Agustini
dagh oppåå monedagh, thåå war min son Götzstaff
födh, Gudij till loff, heder ock ære, ner klocken var
v om morgonen annan dagh i affecten siuttonde
dagh luna [?], signum pissis, then timan regerad
Jupiter." (Åren efter Guds börd 1531 på måndagen, S.
Augustinus dag,[12] då föddes min son Gustaf, Gud till
lov, heder och ära, när klockan var fem på morgonen
annan dag [...] Fiskarnas tecken i den timme som
Jupiter regerade.)

Flera år senare antecknar hon också första barnbarnets födelse,
den lilla Sigrid, dotter till sonen Svante och Märta Eriksdotter (Leijonhufvud):

"Ååren effter Christi födilsse mdxxxviij emillen mondagen och tisdagen tå xi slog, wartt jomfrv Sigriidtt,
Swantis och frv Märtis dotter, födh, i i j:e daga för
nysdag,[13] Gudi tiill loff, heder och ære. Amen." (Åren
efter Kristi födelse 1538 mellan måndagen och tisdagen då klockan slog 11, föddes jungfru Sigrid, Svantes
och fru Märtas dotter [...] Gud till lov, heder och ära.
Amen.)

Om man jämför anteckningarna ser man att det bara är när
det gällde hennes förstfödde son Nils som hon skriver ut
namnet Sture. Man använde inte efternamn på samma sätt
som vi gör idag men kanske tyckte hon, eller fadern Sten
Sture, att det var viktigt att framhäva att den lille pojken var
en Sture.

Familjen bodde ofta på Stockholms slott och där är flera
av barnen födda. Men man vistades också på Hörningsholm
som Sten Sture d. y. ska ha "förnyat och förskönat" efter tidi-

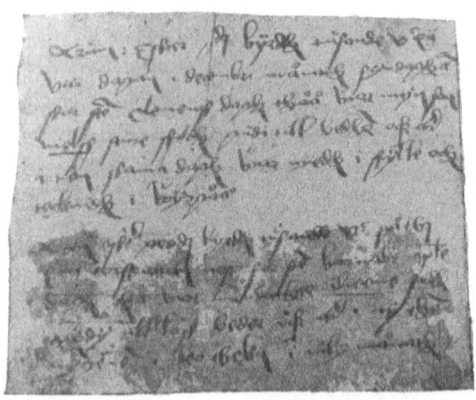

3. Kristina Gyllenstiernas anteckningar om barnen Nils
och Ilianas födelser. Källa: Lundh-Eriksson 1924.

gare härjningar.[14] Riktigt vad det innebär är inte känt. Det gamla Hörningsholm som byggdes under 1400-talet såldes på 1480-talet till Svante Stures far Nils Bosson Natt och Dag. När Svante Nilsson ärvt slottet byggde han om eller rentav nybyggde slottet. År 1515 ärvdes det av Sten Sture d.y. Han ska också ha byggt på slottet. Hade man bara resurser var det vanligen så att varje generation förnyade eller förstorade de större gårdarna. Naturligtvis efter det nya modet eller vissa tekniska förbättringar. Slottet ligger majestätiskt och strategiskt högt upp på en klippa vid en vik av Östersjön. Nu är det till största delen ersatt av ett nyare slott som stod färdigt 1752 på det gamla slottets grund. Källarrummen är än idag bevarade från det gamla slottets tid och de massiva stenväggarna vittnar om slottets försvarsfunktion.

HÖRNINGSHOLMSTOMTEN

Kristina hade också tillgång till en fastighet i Stockholm, alltså bortsett ifrån slottet som väl får sägas vara något som följde med riksföreståndarskapet. Huset jag tänker på är inte bevarat men platsen för det fortlevde länge i namnet Hörningsholmstomten på Riddarholmen. Där ligger nu ett hus benämnt som det Stenbockska palatset, i nära anslutning till Riddarholmskyrkan. En utgrävning på platsen så sent som 1994 visade att tomten varit bebyggd i någon form redan på 1200-talet. Många av adelshusen i Stockholm bär namn av någon av ägarna, medan denna tomt istället förknippades med ett gårdsnamn. Sturefamiljen ägde slottet Hörningsholm och tomten på Riddarholmen fick samma namn. Den ärvdes efter Kristinas död av hennes son Svante Sture och hans hustru Märta Leijonhufvud och efter dem ärvde deras dotter Magdalena Sture tomten. Hon gifte sig år 1574 med Erik Stenbock som lät bygga till och bygga om huset. Hur det såg ut på Kristinas tid vet vi inte men jag utgår ifrån att det var ett stenhus. Eftersom man ofta bevarade grund och källare när man byggde om kan vi kanske våga tro att grundplanen i viss mån är densamma men förstorad. Högst troligt var huset också lägre än det vi ser idag, kanske bara en eller två våningar högt.

Husets belägenhet så nära slottet kan förklara hur Kristina kunde låta hämta det viktiga dokumentet medan kung Kristian och de övriga väntade på slottet efter stadens kapitulation. Men mer om det längre fram. Även Olaus Petri talar om "hennes hus i Stockholm" men nämner inte var detta låg. Åtskilliga adelsfamiljer hade hus på Österlånggatan men andra valde Kindaskär, det vill säga den nuvarande Riddarholmen. Där fanns ännu så länge mer utrymme än bland de trånga och ofta smutsiga gränderna inne i staden. Man kunde bygga större, mer ståndsmässigt och få en luftigare omgivning kring huset. Att ha ett hus på den mindre bebyggda Riddarholmen måste ha varit en lyx.

ETT DONATORSPORTRÄTT

Någon samtida bild av Kristina verkar inte finnas bevarad. I en tid när det ute i Europa redan sedan länge var vanligt med porträtt, också verkligt avbildande sådana, förefaller det till skillnad mot i Danmark ännu vara ovanligt i Sverige och Norge. Ett donatorsporträtt i Västerås domkyrka är hittills den enda samtida bild jag funnit av Kristina. Bilden finns på ett altarskåp som skänktes till kyrkan av henne och Sten Sture år 1516. Det är ett stort påkostat skåp med tre avdelningar som går att öppna och stänga vid vissa kyrkliga högtider. Skåpet anses vara tillverkat i Antwerpen. På sockelns överkant finns en donationstext som i översättning lyder: "Herr Sten Svantessons, Sveriges rikes föreståndares, och hans hustrus, fru Christinas, testamente herrens år 1516. Bedjen för dem."[15]

I vardera hörnet i predellans nederkant finns en bild av de knäböjande donatorerna med händerna slutna i bön. De är tydligt identifierbara med sina vapensköldar, Natt och Dag respektive Gyllenstierna. De har varsitt målat språkband. På Kristinas språkband finns en text skriven på hexameter med inrim: ME TIBI VIRGO PIA COMMENDO S. MARIA ('Åt dig, fromma jungfru, heliga Maria, anbefaller jag mig'). Sten Stures textband lyder: O MATER DEI MEMENTO MEI (O, Guds moder, kom ihåg mig).[16] Enligt Johnny Roosval har det stora skåpet tillverkats i mäster Gielisz verkstad i Antwerpen. Han tror att målningarna har gjorts av någon annan, nämligen en viss "maître de l'abaye de Dillighem".[17] Rune Norberg tror dock att predellan har tillverkats i Sverige av den så kallade Immaculata-mästaren Henrik Målare som hade en stor verkstad i Västerås just vid den här tiden.[18] Möjligen kan de båda bilderna i så fall vara försök till verklig avbildning. Sten Sture och Kristina var vid flera tillfällen i Västerås och deras utseenden kan ha varit kända av konstnä-

En kvinna i maktens centrum

4. Sten Sture den yngre (ovan) och Kristina Gyllenstierna (nedan) avbildade på ett altarskåp i Västerås domkyrka. Foto:©Björn Larsson

ren. Eftersom vi inte har något att jämföra med är det svårt att veta hur det var med den saken. Mot porträttlikhet talar att de bådas ansikten är rätt lika varandra. Bilderna är för övrigt ganska små. Om Kristinas utseende kan man möjligen utläsa att hennes runda ansikte har en viss barnslighet över sig. Håret är täckt så någon hårfärg går inte att skönja. Sten Sture däremot ser onekligen ut att vara blond.

ETT PORTRÄTT?

Det existerar ett porträtt (i ett antal exemplar) som enligt påskrift och ditmålad vapensköld ska föreställa Kristina vid 24 års ålder. En av kopiorna hänger på Krapperups slott i Skåne, som nu ägs av den Gyllenstiernska stiftelsen, ett på Gripsholm, ett annat på Björksund i Södermanland och slutligen ett på Tyresö slott. Det senare är flyttat från

5. Porträttet ska enligt påskrift och ditmålad vapensköld föreställa Kristina vid 24 års ålder. Denna målning hänger på Krapperups slott i Skåne, som ägs av den Gyllenstiernska stiftelsen.
Källa: Janssen 1918

Herrborum i Östergötland och har ansetts vara originalet. Redan på 1700-talet identifierades personen som Kristina Gyllenstierna, men numera anses det istället föreställa den äldre Ebba Brahe (1555–1635), delvis på grund av den dräkt hon bär; den anses höra hemma i det sena 1500-talet.[19] Att porträttet bär Kristina Gyllenstiernas namn kan bero på att det länge var populärt att ha ett släktporträtt av någon känd person, och det hände emellanåt att man helt enkelt målade dit ett namn på ett anonymt eller halvt bortglömt familjeporträtt.

DONATIONER

Ytterligare minst en kyrkodonation gjordes av Sten Sture och Kristina. Denna gång till svartbrödernas dominikanerkloster i Västerås någon gång mellan 1511 och 1520, kanske var det ungefär samtidigt som altarskåpet i staden skänktes. Det handlar om två kalkstensreliefer i låg relief. De flyttades vid rivningen av klosterkyrkan till hospitalskyrkans fasad. Där satt de ända till 1886. Numera förvaras de på Historiska museet i ett magasin, gömda för omvärlden.[20] Den ena framställer den solomstrålade Maria med Jesusbarnet på armen. Den andra föreställer troligen S. Dominicus, grundaren av dominikanerorden. I de nedre hörnen på Mariabilden ser vi Stens och Kristinas vapensköldar, den vänstra med Natt och Dags vapen och den högra med den Gyllenstiernska stjärnan. Hur de ursprungligen suttit kan vi inte med säkerhet säga då klosterkyrkan revs 1528 på order av Gustav Vasa. Storlek och format visar dock att de varit pendanger och omgärdat något. Flera uppgifter talar om att de suttit på varsin sida om huvudportalen till kyrkan.

Strålarna kring Marias huvud är utformade av omväxlande raka och böjda linjer som vid en snabb blick nästan ger intryck av skrift. De spetsiga linjerna ovanför hennes huvud är formade som till en krona. Hon ser ner på barnet som hon håller upp så högt att deras ansikten är nära varandras. Marias ansikte är runt, nästan barnsligt och påminner om Kristinas ansikte på predellan i Västerås domkyrka.

Relieferna är gjorda av okänd konstnär. Allan Ellenius anser att de visar på ett provinsiellt drag och skriver vidare att de mycket väl kan ha varit bemålade.[21]

Mariakulten omhuldades och spreds framför allt av dominikanerna. Det fanns redan hos Sten Sture den äldre och Svante Nilsson (Sture) ett intresse för rosenkransandakten och dominikanerna och genom donationen i Västerås kan man se att Sten och Kristina fortsatte traditionen. Av några lyckliga tillfälligheter har de båda relieferna bevarats trots rivningar. Kanske kan vi med visst fog tro att paret Sten och Kristina stod för flera kyrkodonationer som nu gått förlorade eller kanske inte blivit kopplade till dem – ännu.

STURARNAS TID

För att förstå det unga parets bakgrund måste vi backa lite i historien till Kristinas farfar Erik Eriksson Gyllenstierna, han som gifte sig med kung Karl Knutssons dotter Kristina. Strax före sin död den 15 maj år 1470 gifte sig Knutsson en tredje gång, nu med sin frilla. Anledningen var att han ville legitimera den son som han hade fått med henne. Han hade redan tre döttrar födda inom äktenskapet men ingen son och arvinge. Hans testamente visar tydligt att han var mån om att skydda både sin frilla, nu äkta hustru, och deras lille son. Denne son, som bara var ett barn, var ännu för ung för att ta över och Karl lämnade därför över rikets styrelse till Sten Sture den äldre, som var släkt men inte nära släkt. Redan från början uppstod kritik mot detta och somliga unionsvänner menade att varken Sten Sture eller för den delen ens Karl Knutsson själv hade någon större rätt till Sveriges tron eller styre och inte heller att välja efterträdare. Det tog tid innan man accepterade Sten Sture som riksföreståndare. Karl Knutsson var Kristinas farmors far.

I Danmark satt kung Kristian II som regerade mellan åren 1513–1523. Han hade hela tiden ansett att det var han som var Sveriges verklige regent. Från den tiden och fram till Gustav Vasas övertagande genomled Sverige ideliga krigstillstånd med Danmark, men också mer lokala uppror. Allt blandat med stillestånd och kortvariga fredstillstånd. I Sverige rådde det delade meningar om unionen. Åsiktsskillnaderna handlade delvis om huruvida man var för eller emot Kalmarunio-

6. Kristian II. Målningen lär vara från 1521.
Det är osäkert vem konstnären var.
Källa: Wikimedia Commons.

nen som sådan. Vissa falanger ville framför allt ha fred, och var beredda att acceptera den danske kungen om så behövdes. Dit hörde många företrädare för kyrkan och gränsadeln. Andra ville framför allt ha svenska styresmän i Sverige. Bergsmännen ville ha handel och sjöfart fredad i lugna vatten och med goda förbindelser med de tyska köpstäderna. Men att kalla händelserna i Sverige för ett nationellt uppror är, trots motsättningarna mellan svenskar och danskar, ändå att gå för långt. Snarare handlade det om protester mot att bestämmelserna i unionsöverenskommelsen ideligen bröts, utan att man för den skull ville bryta med allt.

I Kalmarfördraget ingick som en viktig del, åtminstone från svensk synpunkt, att svenska hövitsmän skulle sitta på de svenska fasta borgarna, svenskar skulle fungera som uppbördsmän och skatterna skulle stanna i Sverige. Men den första unionstiden präglades starkt av kungamakten som ju hade Danmark som utgångspunkt. Mot den stod adeln som hade delade lojaliteter. Vivian Etting kallar det adelsnordism.[22]

Alla tre Sturarna skaffade sig målmedvetet ett starkt stöd hos de folkliga lagren. Det medförde att balansen mellan de makthavande grupperna påverkades. Från att förut ha handlat om kungamakt, kyrka och rådsadel fick man nu lägga till en fjärde makt bestående av allmoge, bergsmän, bönder, köpmän och borgare. De hade av naturliga skäl olika intresseområden men samma önskan att bli hörda och få inflytande. Enligt Olaus Petri skall kung Hans vid sin kröning i Stockholm 1497 ha sagt följande till Sten Sture den äldre: "Her Steen i haffue giordt itt ondt Testament i Swerige i thet at i haffue giordt bönderna, som Gudh haffuer skapat til trälar, til herrar, och them som herrar skulle wara, wille i giöra til trälar."[23] Bergsmän och köpmän handlade i regel med tyskar och inte danskar, vilket mötte motstånd hos den mer danskinriktade adeln och kyrkan.

Man kan inte nog betona vikten av ättens och släktens betydelse under medeltiden. När det gällde lojalitet och trohet mot övermakten, om det så handlade om kung eller riksföreståndare, så gick man ogärna utanför ättens preferenser. Vid giftermål var det därför ofta avgörande var den tilltänkta nya släktens lojalitet låg. I Kristinas släkt ser vi förutom Gyllenstierna, Banér och Vasa också Leijonhufvud m.fl. Men Trollarna lyser med sin frånvaro.

STEN STURE DEN ÄLDRE (1440–1503)

Sten Gustavsson (Sture) var son till Gustav Anundsson (Sture) och Birgitta Stensdotter (Bielke), som var kung Karl Knutssons halvsyster. Sten Sture gifte sig år 1467 med Ingeborg (Tott), dotter till den rike och mäktige Åke Axelsson Tott, men hade tidigare varit förlovad med en dotterdotter till Karl Knutsson innan hon avled i unga år.

Bara kort tid innan Karl Knutsson dog 1470 hade han lämnat över Stockholm, Örebro och Åbo fasta slott och län till riddaren Sten Sture, som därmed fick en stark maktbas, men först ett år senare, 1471, valdes denne officiellt till riksföreståndare av riksrådet i Arboga och styrde med avbrott till 1503. Trots det erkändes kung Hans som svensk kung 1497, något som Sten Sture lyckades någorlunda parera under en lång ämbetstid. Efter diverse militära förluster blev han ändå tvungen att godta en uppgörelse med den danske kungen. Kung Hans fick regeringsmakten i Sverige och Sten Sture blev hans rikshovmästare tills han bit för bit lade under sig bortförlänade slottslän, och år 1503 lyckades han återta makten över Sverige med undantag för Kalmar. Sten Sture slog sig ner på Rävsnäs vid Gripsholmsviken, nära platsen för det nuvarande Gripsholm. Han sökte och fick allmogens stöd. Hur mycket det berodde på ett genuint intresse för

7. Sten Sture d.ä. Litografi efter porträtt på Gripsholm. Källa:
O. Sjögren, *Svensk historia I. Inledande överblick. Forntiden.
Medeltiden*, Stockholm 1923.

allmogen och hur mycket det handlade om en önskan att bredda den egna maktbasen är svårt att säga. Men allmogens stöd fick betydelse för honom. En av hans förtrogna inom rådet var riksrådet Nils Bosson (Natt och Dag) vars mor var av Stureätten.

De två följande Sturarna tog upp hans utlagda linje att få med de grupper som dittills i stort sett stått utanför makten. De hade under en kort period använts under Engelbrekts tid men sedan inte i någon högre grad. Men från och med den här tiden kunde man inte längre bortse från allmogen, borgarna och köpmännen. De intog sin plats i det politiska livet även om det dröjde länge innan fastare former för detta skapades.

Den seger som Sten Sture den äldre vann över danskarna vid Brunkeberg i oktober år 1471 gav både honom och Sverige en lång period av fred och lugn. Till minne av segern beställdes segermonumentet Sankt Göran och draken som uppställdes i Storkyrkan i Stockholm. Det symboliserade Sten Stures kamp mot danskarna. Sten Sture den äldre dog år 1503 och efterlämnade bara en oäkta dotter. Den äldre Stureätten var därmed utslocknad. Han begravdes i Mariefreds kartusiankloster, som han själv grundlagt. Senare flyttades hans stoft, först till Kärnbo kyrka och sedan till Strängnäs domkyrka. Där ligger det nu i en sarkofag.

SVANTE NILSSON NATT OCH DAG (1460–1511)

Svante Nilsson var son till riksrådet Nils Bosson Sture (Natt och Dag) och Birgitta Karlsdotter (Bonde). Han föddes på Penningby slott i Uppland, en befäst borg strategiskt placerad vid sjöleden från Östersjön in mot Uppsala. Som gård är platsen känd sedan 1300-talet men själva borgen byggdes på 1400-talet.

Tvärtemot vad man kunde tro var Svante Nilsson inte nära släkt med sin företrädare som riksföreståndare. Han sympatiserade inte heller politiskt med Sten Sture den äldre som han efterträdde år 1503. Han var av ätten Natt och Dag men lade sig till med namnet Sture, vilket ju onekligen tycktes markera en övergång från Sten Sture den äldre, men politiskt följde han till stor del en annan väg. Dock tog han upp företrädarens ambition att appellera till allmogen.

Som med de flesta andra adelsnamn användes Sturenamnet inte som efternamn på 1500-talet. Man använde fadersnamnet, ofta med tillägg av namnet på sätesgården, och att man ändå kunde hålla isär personer berodde förstås till stor del på den låga folkmängden. Namnet Sture blir på sätt och vis mer en politisk beteckning än ett efternamn.

Ätten Natt och Dag är Sveriges äldsta, nu levande adliga

ätt, uradel med nummer 13 i Riddarhusets annaler, känd från 1280-talet. När man följer släkten bakåt kommer man till Ekesjö hovgård i det småländska Njudung. Gården hade en gång ägts av Sven Sture, en kapare i drottning Margaretas tjänst under det sena 1300-talet. Gården hade blivit hans efter ett jordabyte med Nydala kloster. Det var denna gård som Sturarna under en lång tid skrev sig till, så även Sten Sture den yngre. Vi kan se att han någon gång daterar brev från Ekesjö. Nu återstår där bara en ruin. Redan år 1511 avled Svante Sture plötsligt under ett möte i Arboga, bara 51 år gammal. Han ligger begravd i Västerås domkyrka. Med sin första hustru Iliana Erengisledotter (Gädda) hade han sonen Sten Sture den yngre.

STEN SVANTESSON STURE (1492–1520)

Sten Svantesson miste sin mor Iliana redan som litet barn. Bevarade brev låter oss förstå att hans pappa riksföreståndaren var mån om att ha pojken i sin närhet. Han blir faktiskt förebrådd av släktingar för att prioritera närheten till barnet. Det var ju annars vanligt att söner till mer uppsatta personer uppfostrades hos andra, speciellt om de saknade en mor. Men Svante Nilsson ville ha sonen nära sig och pojken fick också sin uppfostran i hemmet. Den sägs ha varit omsorgsfull och bland annat ha omfattat "lagboken". En av hans lärare är känd till namnet.

Svante Nilsson gjorde ingen hemlighet av att han ville se sonen efterträda honom som riksföreståndare, trots att ju uppdraget inte på något sätt var ärftligt. Han förberedde tidigt och på bred front sonens karriär.

Redan 1503 fick Sten som tonåring militära uppdrag av fadern. År 1510 sändes han som 17-åring till Lübeck för att tillsammans med Hemming Gadh förhandla med hanseaterna om ett förbund. Hemming var vid den här tiden biskop electus i Linköping men hade tidigare varit Svantes sändebud i Rom.

Ett halvår senare tog Svante Nilsson med sonen på ett krigståg i södra Sverige mot danskarna. Den unge Sten fick möjligheter att förkovra sig i ledarskap och med tanke på hans senare agerande så var han läraktig. Han lärde sig att utnyttja alla möjligheter, förhandla, vid behov köra över motståndaren och att utnyttja lagliga möjligheter till bristningsgränsen.

BREV

Diverse brev av allmän karaktär är bevarade till och från Sten Sture och Kristina och andra. De ger ibland upplysningar om var paret befann sig och emellanåt om mer vardagliga händelser.

Ett brev skickades till exempel från fogden på Stockholms slott Olof Björnsson (Halvmåne) till Sten Sture sommaren 1516. Björnsson meddelar att Kristina befinner sig på Gäddeholm och mår bra.[24] Om han menar Gäddeholm i Sörmland eller Västmanland framgår inte. Björnsson skriver vidare att han genom bud frågat Kristina om hon vill skriva till Sten, underförstått med samma bud, men hon avböjer och säger att hon har ingenting särskilt att berätta. Av det kan man anta att hon på Gäddeholm upplevde en vanlig sommarvistelse med sina barn utan större händelser i det annars stormiga femtonhundratalet. Livet då handlade naturligtvis inte bara om strider. Det fanns förstås också lugna, lyckliga dagar även om det inte får någon plats i historieskrivningen.

Ett annat brev från 1516, skrivet av biskop Mattias av Strängnäs till Kristina, låter oss få veta att han på Kristinas begäran förlåtit hennes sven (tjänare) för det han var skyldig och att han nu låter svennen åter få komma in i kyrkan.[25] Vad hennes sven var skyldig till framkommer inte. Men det måste ha rört sig om något tillräckligt allvarligt för att motivera proceduren. Av det kan man utläsa att Kristina höll uppsikt över personer i sin tjänst men också såg till att de efter uppsträckning blev förlåtna. Biskopen passar också på att be Kristina vara hans bud i ett annat ärende. Just sådana ärenden där hon ombeds vara budbärare för någons bön om hjälp finns det flera exempel på.

I december 1516 ber Else Laxmansdotter Kristina att vara hennes bud till Sten Sture.[26] Hon vill be Sten om hjälp; man får förutsätta att hon menar ekonomisk hjälp, för att återuppbygga en gård som förfallit. Hon vill bosätta sig där igen och ber nu också Kristina be en annan person låna ut en släde till flytten som skulle gå över Tiveden. Man förstår att hon inte vill be de två männen direkt. Men i ett nytt brev en vecka senare adresserat till Sten Sture tackar hon honom för allt gott denne gjort henne och upprepar begäran. Det får mig att tro att Kristina svarat och föreslagit just det, nämligen ett direkt brev till Sten Sture.[27]

Det finns också brev mellan Sten Sture och hans svärmor. I ett brev från mars 1512 skriver Sigrid Banér till Sten att hon fått besked om att hennes son Trotte Månsson har dött och hon ber att Sten ska skriva till henne.[28] Hon skriver igen till Sten i december om att hon hört att han kommit till Västerås och undrar hur hans resa till Finland har varit. Hon ger honom också ett antal goda råd, bland annat om hur han ska straffa vissa av sina svenner som brukat övervåld.[29]

Även Kristinas morbror, riksrådet Knut Eskilsson Banér, som skrev sig till Venngarn efter faderns död, skriver till Sten. I ett brev från april 1512 ger han bland annat Sten rådet att inte lyssna till onda rådgivare, så ska allt gå hans väg. Knut hälsar också till sin systerdotter Kristina. Året efter skriver

Sten till sin kaplan Peder Jakobsson och uppmanar honom att ge en förläning till Kristinas mor Sigrid. Det gällde Åkers socken som blivit "ledig" efter tidigare innehavares död.[30] Förläningar var det betalnings- och ersättningssystem man använde sig av. Rätt använd kunde en förläning ge god inkomst. Några år senare säljer Knut två gårdar i Sörmland till Sten Sture.[31] Två riksråd och även modern, Sigrid Banér, bevittnar genom att hänga sina sigill på dokumentet. Man kunde köpa och sälja egendom men gjorde alltid bäst i att se till att närmaste anhöriga godkände och att affären kungjordes. Principen var att man inte hur som helst avhände sig mark och egendom som kunde gå i arv inom släkten. Men eftersom köpen ofta handlade om att förstora eller byta och köpa till sig mark i närheten av det man redan hade så var det oftast inget problem. Huvudsaken var förstås att inte åstadkomma en värdesänkning. I det här fallet handlade det om just två gårdar inom det område där Sten och Kristina redan hade mycket mark. Året efter sålde han också Venngarn till Sten Sture.[32]

Krig och politik

POLITIK

Under Sturarnas tid var det en ständig kamp om var makten i Sverige skulle ligga; hos riksföreståndaren eller hos rådsaristokratin. Dessutom hade det varit illa beställt med efterlevnaden av bestämmelserna i unionsfördraget redan från början. Sverige skulle styras av svenskar och dessa skulle inneha såväl platser i rådet som de högsta ämbetena och föra befäl över fasta borgar och slott. Men redan från början satte sig drottning Margareta över bestämmelserna och satte danskar och tyskar på viktiga poster. Unionen hade aldrig varit tänkt att utgöra en enda nordisk stat utan skulle fungera som tre självständiga stater med vissa funktioner och förpliktelser gemensamma. Den ursprungliga tanken att unionen skulle vara ett fredsförbund omhuldades särskilt av kyrkan. Främst satte kyrkan dock hela tiden sin självständighet och sina egna rättigheter. Men de högsta representanterna för kyrkan var också medlemmar i rikets råd och kunde där inte bara värna sina egna rättigheter. Där ansattes de hårt av rådsadeln som de också oftast själva tillhörde. Ingenting var enkelt och självklart under denna konfliktfyllda tid. De danskfödda monarkerna försökte inordna Norge och Sverige under Danmark. Skatteuttaget, som regelbundet höjdes i krigstider, upplevdes i Sverige som hårt och orättvist. De ständiga striderna med de tyska köpstäderna hade åtskilliga gånger drivit fram handelsblockader och myntförsämring, alltid beroende på konflikter med danskarna. Men de drabbade Sverige hårt och, som man tyckte, orättvist.

Det nationella missnöje som fanns underblåstes av Sturarna, men ändå är det en förenkling att säga att Sturarna förde en nationell politik i vår moderna mening. I regel handlade det mer om möjligheten att fritt och självständigt välja samarbetspartner eller vem man till exempel skulle exportera till, det vill säga ekonomiska frågor. Den danska överhögheten svävade ständigt över svenskarnas huvud. Danskarna såg naturligtvis främst till sina egna intressen.

Under hela unionstiden ser vi därför återkommande att upprorsfanan höjs. Det gällde såväl under Erik av Pommerns senare tid som under Karl Knutssons och kung Hans och hans son Kristian II:s tid.

Bland Sturarna hade det redan länge funnits planer på att den unge Sten Svantesson så småningom skulle efterträda fadern Svante som riksföreståndare, en titel och position som naturligtvis egentligen inte borde vara ärftlig. Men händelserna utvecklades snabbare än man kunnat ana. Några månader efter sonens bröllop år 1511 dör Svante Nilsson helt plötsligt under ett möte och man ställs inför situationen att snabbt skaffa fram en ny riksföreståndare. Kandidater saknades inte. Från Sturarnas sida var valet självklart, den unge Sten. Men en starkare och mer erfaren kandidat hade man både från rådets och kyrkans håll i den flera år äldre Erik Trolle.

Erik Trolle hade som riksråd deltagit i ett uppror mot Sten Sture den äldre och senare också varit med om att inkalla kung Hans som svensk kung. Vid kröningen 1497 hade han dubbats till riddare av kung Hans. Trolle som hade både släkt och egendom i Danmark var unionsvänlig och mån om att inte stöta sig med grannlandet.

Ärkebiskopen Jakob Ulfsson, nu en gammal man, använde nu sitt inflytande i riksrådet och den 19 januari 1512 utsågs Erik Trolle till ny riksföreståndare, vilket omedelbart stötte på motstånd från Stureanhängarna som vid det här laget hunnit skaffa sig ett brett folkligt stöd.

Den unge Sten Sture, som genast motsatte sig valet av Trolle, gav sig ut på agitationsresor bland allmogen och ett halvår senare lyckades han få utnämningen upphävd. Hans far som säkert hade förutsett problem med sonens utnämning hade redan ställt slottsloven[33] på alla slott utom ett på Sten. Vid faderns plötsliga död år 1511 hade han därför redan de flesta fasta slott och slottslän utställda på sig vilket, förutom den rent strategiska och militära makten, innebar att han också hade kontroll över länens skatteintäkter.

Det accepterades inte av rådet som tvingade fram en begränsning genom att lägga slottsloven på fyra personer, varav Sten var en. Men Sten var ihärdig. Han förstod att han nu kunde stärka sin ställning med hjälp av dem som inte var med i rådet och inte heller innehade kyrkliga ämbeten. Han inledde en intensiv kampanj genom att resa i riket och möta allmogen på marknader och ting. Man kan nog säga att han genomförde en regelrätt valkampanj. Om Kristina på något sätt deltog har vi inga upplysningar om.

I april 1512 slöts ett avtal där det fastslogs att svenskarna skulle fullfölja det fredsavtal som år 1509 ingåtts i Köpenhamn. Man skulle antingen ta Hans eller Kristian II till kung i Sverige eller årligen betala en tribut till danskarna. Därefter gick man vid midsommartid till val av ny riksföreståndare.

Efter en tid av stormiga möten valdes nu istället den unge Sten, en oprövad kraft, med ambition och gott självförtroende men med ringa erfarenhet, till riksföreståndare den 23 juli 1512. Redan från början hade han ett massivt motstånd från rådsoppositionen, men även från gränsadeln och kyrkan. Man tänkte sig att under Trolle skulle rådsadeln få större inflytande, även om makten officiellt låg under den danske kungen. Så hade det tidvis fungerat tidigare och med en stark kyrka och rådsadel trodde man sig kunna hantera den danske kungen utan att han lade sig allt.

För att nu få rådet med sig blev Sten Sture pressad att ge vissa löften för att säkerställa deras makt men som samtidigt begränsade hans egen. Först efter att han blivit utsedd till riksföreståndare började Sten Svantesson av ätten Natt och Dag kalla sig Sten Sture, vilket ju onekligen förstärkte bandet till den framgångsrike släktingen Sten Sture den äldre.

Politiskt var Sverige splittrat. Både Sten Sture den äldre och Svante Nilsson hade utkämpat hårda duster med riksrådet om den politiska makten i Sverige. Den tredje maktfaktorn, kyrkans företrädare, kämpade också ihärdigt mot allt som de ansåg som intrång i kyrkans självbestämmanderätt. Från rådets och kyrkans håll menade många att en riksföreståndare ur deras egna led var att föredra. Men man kunde även tänka sig att den danskfödde kung Kristian ersatte en svensk riksföreståndare.

Det stod alltså mellan att stärka riksföreståndarens och den svenska självständighetens roll eller unionen med den danske kungen. Gränsadeln, rådsoppositionen och kyrkan hade sina skäl att verka för att unionen upprätthölls.

Sten Sture hade en begränsad maktsektor att röra sig i. Ärkebiskop och biskopar hade, enligt den kanoniska rätten, en vid egen zon att styra utifrån. Förutom det rent kyrkliga rättsområdet hade man en egen förhållandevis stark ekonomi och dessutom egna militära medel. Riksrådet hade, både formellt och genom kraften av sina medlemmar och deras ekonomiskt starka ätter, en ställning som han i alla lägen måste ta hänsyn till. De övriga ständerna hade ännu inte någon formell makt och hade dittills mest använts i opinionsbildande syfte. Men vad som blir tydligt i Sten Stures den yngres regerande är att han mer direkt vänder sig till folket. De bjuds in till riksmöten och deltar i beslut och blir nu en fjärde kraft att räkna med. Gustav Vasa bygger sedan vidare på det. Förutom dessa inhemska grupper hade Sten Sture också den danske kung Hans och senare hans son Kristian att hantera. Det var ett spel med många bollar i luften. Men Sture visade omedelbart handlingskraft, han utlyste rådsmöten, förhandlade, körde ibland över rådet och utnyttjade sin politiska agitationsförmåga maximalt.

I sin maktutövning använder sig Sture av rådet men han gör det i utökad mening genom att också kalla in menigheten. Det fick till följd en situation där varken rådsadeln eller kyrkan helt kunde styra utvecklingen efter eget huvud. Båda dessa grupper hoppas nu istället på den danske kungen, hur egendomligt det än kan låta. Man kunde inte styra eller köra över Sture som med en klar mening om vad han ville uppnå ledde landet med iakttagande av inhemska lagar och respekterade den kanoniska rätten. Att man skulle kunna komma längre med den danske kungen kan idag tyckas som en omöjlig tanke. Stures ambition var att i det längsta styra Sverige efter lagar och regler, men detsamma kan man inte säga varken om kung Hans eller hans son Kristian.

Som ett led i att hantera situationen krävde Sture nu att alla, med undantag av kyrkans män, skulle stå i ett direkt lydnadsförhållande till honom själv. Till viss del kunde även kyrkans män inordnas i detta eftersom de vid tillträdandet av högre tjänster avkrävdes en ed till honom och till riksrådet. Men Sture hade den trumfen på hand att han hade den exekutiva makten och ganska tidigt uppkom tanken att försöka göra honom till kung. Hur han själv ställde sig till det är oklart. Det finns inga belägg för att det var hans egen önskan. Men brev från tiden visar att saken diskuterades. Ett år efter Sten Stures tillträdande, år 1513, avled kung Hans och efterträddes av sin äldste son Kristian som aldrig erkände Sten Sture som styresman i Sverige. Kung Hans ambition hade varit att kväsa de upproriska svenskarna, särskilt Sturarna. Sonen Kristians ambition var densamma. Det drog ihop sig till fortsatt kamp mellan de båda länderna i en allt skörare union. I Sverige valde man sida och i det spelet ingick biskopar och ärkebiskopen som viktiga aktörer.

JAKOB ULFSSON

Den 80-årige ärkebiskopen Jakob Ulfsson hade under sin ämbetstid haft åtskilliga duster med de envisa Sturarna. Ulfsson var uttalat unionsvänlig och som många av kyrkans män ansåg han att freden men framförallt kyrkans frihet bäst gagnades av unionen med Danmark. På sin sida hade han, förutom en stor del av det högre prästerskapet, adeln, särskilt gränsadeln vars intressen skulle hotas av ett uppbrott från Kalmarunionen.

Ulfsson beslöt att ännu en gång använda sig av sina rättigheter innan det var för sent. Till dem hörde rätten att själv utse sin efterträdare – en rätt som inte använts så ofta eftersom proceduren vanligen inleddes med att ärkebiskopen ifråga avled. Men Ulfsson ville inte invänta den dagen. År 1515 tillkännagav han därför sin avgång och föreslog som efterträdare Erik Trolles son, den unge Gustaf Trolle som då fortfarande uppehöll sig i Rom. Möjligen lade han inför Sten Sture fram förslaget som ett sätt att blidka Erik Trolle för det uteblivna riksföreståndarskapet genom sonens utnämning till ärkebiskop. Erik Trolle var liksom sonen uttalat unionsvänlig. Påven Leo X accepterade förslaget och utlovade sitt beskydd och vissa förmåner till Gustaf Trolle.[34] Enligt Trolle själv fick han bland annat påvligt skydd för biskopsborgen Almare-Stäket med tillhörande län. I det ingick också rätten att utfärda interdikt för dem som på något vis hotade den ärkebiskopliga rätten till Stäket. Han fick också den sedvanliga rätten att hålla en egen trupp, denna gång på så många som 400 man. I äldre tider hade det handlat om ett betydligt mindre antal. Med andra ord skulle Trolle sitta säkert på sin välbefästa borg. Hur det var med dessa förmåner som man egentligen bara har Trolles egna ord på är tveksamt, något dokument från påven tycks aldrig ha uppvisats. Att han hade rätt till biskopsborgen accepterades, men Sture reagerade häftigt på att Trolle ansåg sig ha rätt till hela Stäkets län och därmed dess inkomster.

Gustaf Trolles karriärväg till ärkebiskopsstolen var uppseendeväckande kort, men i hans agerande syns trots det inte ett spår av tvekan inför det höga ämbetet. Utnämningen till det högsta kyrkliga ämbetet i landet var ett exempel på schackrandet med tjänster och gentjänster. Möjligen trodde sig Sten Sture med valet av Trolle ha tagit udden av kritiken från kyrkan, men det skulle snart visa sig vara katastrofalt fel.

GUSTAF TROLLE

Gustaf Trolle var född 1488 och alltså fem år äldre än Sten Sture. Trolle hade några års studier i Köln och Rom bakom sig. År 1513 hade han utnämnts till domprost i Linköpings stift. Han och Sture kom båda ur högadliga kretsar. Tidigt kom de i konflikt med varandra. Den monumentala oförsonligheten dem emellan bottnade säkert inte bara i olika politisk uppfattning. De var lika envisa och handlingskraftiga, men en skillnad framkommer ändå tydligt i att Sture försökte nå fram med ett antal förslag och kompromisser medan Trolle hårdnackat vägrade allt.

Sten Sture hade trots allt varit den som stött Trolles utnämning till ärkebiskop, både genom rekommendationsbrev till påven och genom ett betydande ekonomiskt understöd. Som vid tillsättning av alla högre kyrkliga ämbeten krävdes utlägg i reda penningar till kurian. Så långt underlättades Trolles väg till ämbetet av Sten Sture.

Om han hade väntat sig någon form av tacksamhet från Trolles sida över utnämningen måste han ha blivit grymt besviken. Redan på vägen hem från Rom passade Trolle på att i Danmark inleda förhandlingar med Kristian II och istället för att bege sig till Sten Sture efter hemkomsten begav han sig direkt till Uppsala. Därifrån skickade han hotelsebrev till Sture, brev som handlade om hämnd för oförrätter som drabbat honom, hans släkt eller förre ärkebiskopen Jakob Ulfsson. Med viss förvåning kan man konstatera att Stures tålamod ändå inte var uttömt. Han beger sig till Uppsala för att träffa Trolle vid distingen (hölls alltid i början av februari). I brev formulerade sig Sture sålunda: "Siden jac ffornam at han ingelwnde wille komma till mich som mich aff gamble erchebispen loffuat war gaff iach mich till vpsala om distingen."[35] När de båda träffades ska Trolle ha smädat och anklagat Sture för att fara med osanning.

Efter Trolles vägran att avlägga eden till riksföreståndaren och hans bemötande i Uppsala befarade Sten Sture att något allvarligare var på gång. Det visade sig att inte bara Trolle, trots kallelse, vägrade att infinna sig till ett utlyst möte i Tälje utan även andra, bland andra Trolles vän riddaren Sten Kristiernsson Oxenstierna som satt som länsherre på Nyköpings slott. Det gjorde Sture misstänksam. Han lät därför riva och förstöra Oxenstiernas sätesgård Salsta i Uppland och gav sig sedan själv ner till Nyköping. Nyköping var en strategiskt viktig borg och för att förhindra att den föll så intog Sten Sture den nu med vapenmakt. Oxenstierna tillfångatogs och fördes till Stockholms slott där han förhördes, anklagad för förräderi. Vid förhören hävdade han att han "lockats över" på Kristian II:s sida av Gustaf Trolle. Han medgav även vissa fakta, tillräckligt för att man tyckte sig ha fått belägg för en komplott mot Sture. Vid förhören framkom att Trolle vid pingsttiden hade samlat ett antal riksråd vid Stäket där man sedan gjort upp planer på att fördriva riksföreståndaren från makten. Trolle ska så ha förbjudit de sammansvurna att komma till det möte i Tälje som Sture hade utlyst till. Han hade också ytterligare befäst Stäket, denna fasta borg varifrån han effektivt kunde spärra inloppet djupare in i Mälaren till bland annat Västerås och Dalarna.

Sture satte nu in sin förtrogne Måns Gren på Nyköpings slott. Någon tid senare dog Oxenstierna av oklar anledning på Stockholms slott.

FRÅN RIKSFÖRESTÅNDARE TILL KUNG?

Hösten 1516 skedde någonting som kunde ha ändrat Sten Stures position radikalt och därmed även Kristinas. Dekanen vid Linköpings stift Erik Svensson kom först i Hemming Gadhs tjänst men snart också i Stures som diplomat. Han utsågs till Sveriges minister vid kurian i Rom. Där skaffade han sig goda förbindelser. Hösten 1516 försökte han få påven Leo X att upphöja Sten Sture till Sveriges kung. Arcimboldus skulle förrätta kröningen i Sverige var det tänkt. Planen hade så gott som gått i lås när Kristians män ingrep och lyckades förhindra den.

Sten Stures ombud vid kurian lyckades också utverka ett påvebrev som anlände till Sverige i början av oktober 1516. Sture tar brevet till utgångspunkt för att lägga fram en protest till Uppsala domkapitel. I skrivelsen tar han upp hur han själv främjat Trolles utnämning genom sin egen rekommendation och hur Trolle sedan undandragit sig sin lagliga plikt att svära trohetsed och i stället hyllat någon annan (Kristian). Det starka befästandet av borgen som Trolle sedan gjort hade ökat på oron i landet. Nu ber han domkapitlet om klart besked om det står bakom ärkebiskopen i hans agerande eller inte. Han får ett svar hållet i allmänna och intetsägande ordalag. Själv tycker han sig inte egentligen ha fått något svar.[36]

I oktober 1516 inleder Sture därför en belägring av Stäket. Han skriver sedan ytterligare ett par brev till domkapitlet i samma sak men får inget svar. Han anklagar då kapitlet för "listelig förhalning".[37]

Allt detta påminde om tidigare händelser av liknande slag under Jakob Ulfssons och Sten Sture den äldres tid. Den gången hade ärkebiskopen gått segrande ur kampen när kung Hans kommit in i Sverige med en stor krigsmakt och Sten Sture den äldre fick ge efter. Ulfsson, som nu satt säker som före detta ärkebiskop, tog sig fräckheten att påminna om händelserna. I påminnelsen låg ett förtäckt hot om att kyrkan än en gång kunde liera sig med den danskfödde kungen. Det blev tydligt att Sture nu inte bara hade Trolle emot sig utan även Jakob Ulfsson, som fortfarande var en auktoritet att räkna med. Stures motdrag blev att förbjuda Ulfsson att komma till det stundande riksmötet i Arboga.

I januari 1517 hölls riksmötet. Det fanns två huvudfrågor att ta ställning till; det första gällde Kristians krav på den svenska kronan och det stora möte mellan svenska och danska riksråd som var utsatt till februari 1518. Resultatet i den frågan kunde utmynna i krig. Den andra stora frågan gällde Trolle och de bevis man tyckte sig ha för en konspiration. När det gällde den senare frågan blev resultatet att riksmötet gemensamt förklarade att belägringen av Almare-Stäket skulle fortsätta. Man skulle också skriva ett öppet brev till påven med en anhållan om att ärkebiskop Trolle skulle entledigas från sitt ämbete. Kravet från de församlade framfördes i en skarp formulering. Framför allt bestämdes att Gustaf Trolle skulle fråntas sitt ämbete som ärkebiskop för alltid. Han spärrades nu in i Västerås kloster och hans far Erik Trolle togs tillfånga.

Vid ett tillfälle, när Sture lät sina män börja nedbrytningen av ett skansverk byggt i trä som låg utanför Stäkets borg, dödades några av Stures män av ärkebiskopens män. Denne lät då klä av de döda som sedan fick ligga kvar obegravda en tid tills Sture lyckades få dem utlämnade till sig. Trolle behandlade männen som upproriska kättare och menade att som sådana fick de inte begravas. Den sidan av Trolle kommer mer om det längre fram. I det här fallet handlade det inte främst om upproriska män utan allmoge som lydde den order de fått från riksföreståndaren. Av det utdragna förfarandet att döma och de förslag till medling och förlikning som kommit från Sture kan man förstå att han egentligen tvekade att riva Stäket. Det förefaller som om han så långt det gick hellre ville få fram en uppgörelse, men Trolle gav inte med sig på någon punkt.

Inneslutningen av Stäket fungerade inte helt och hållet. Det finns uppgifter om att både brev, penningar och varor fann vägen in eller ut genom den belägrade borgen. En präst, herr Larens i Forsa, ska till exempel ha låtit slå mer än 20 000 pilar åt Trolle som han också lyckats få in till borgen.[38]

Sture kallar till ett nytt riksmöte på rådstugan i Stockholm den 23 november 1517. Den gången närvarade Trolle helt enkelt därför att man tagit dit honom. Sture hade som riksföreståndare formellt sett inte laglig rätt att själv avsätta ärkebiskopen, inte heller kunde han utse en ny ärkebiskop. Enligt den kanoniska rätten, som ju var gällande lag, kunde biskopen bara resignera till påven. Men sedan slutet av

1400-talet hade en ny rättspraxis utarbetats i Tyskland och enligt den kunde en biskop resignera till sitt domkapitel istället och det kunde sedan välja en ny biskop.[39] Om man vid det här tillfället stödde sig på denna praxis är oklart men den var känd i Sverige.

Sten Sture fick alla med sig och enigheten tycks ha varit i det närmaste total. På mötet i Stockholm ställdes Trolle nu till svars inför råd och riksmöte. De förklarade honom skyldig till landsförräderi enligt landslagens högmålsbalk. Han hade inte avlagt den föreskrivna eden till riksföreståndaren och inte heller till riksrådet och han hade konspirerat mot riksföreståndaren.

Greta Wieselgren har i sin avhandling om Sten Sture den yngre och Gustaf Trolle hävdat att Trolle redan när han kom hem för att tillträda sin nya tjänst var inställd på en kamp mot Sten Sture.[40] Trolle förefaller ha varit övertygad om att Kristian skulle vinna kampen om Sverige och han handlade därefter. Det som följde blev en maktkamp med svåra och långtgående följder. Vad som gjorde den så svår och komplex var bland annat att olika rättssystem bröts mot varandra, den inhemska civilrättsliga lagen och den kanoniska. Kyrkan hade otvetydiga rättigheter som Sture förefaller ha varit mån om att respektera. Problem uppstod när lagarna kolliderade eller bröts mot varandra. Wieselgren hävdar att Sten Sture under hela den här processen konsekvent har försökt stödja sig på inhemsk lag och försökt hävda den mot den kanoniska lagen. Det är inte så lätt att så här i efterhand följa deras resonemang eftersom inga direkta avsiktsyttringar bevarats. Men det finns viss brevväxling mellan Sture och biskop Brask som ger ledtrådar till hur man sett på problemen. Brask som i alla lägen var en försiktig man gav Sture råd och varningar. Tyvärr är inte alla brev och svar på brev bevarade. Klart är ändå att Sture var väl medveten om problemet med att ge sig in på kyrkans område. Knäckfrågan var om man från det civilrättsliga samhället verkligen kunde "säga upp" en ärkebiskop. Hade det handlat om kyrkliga försummelser eller åtgärder vidtagna mot kyrkan hade det mer självklart varit ett kyrkligt ärende. Nu handlade det om eventuell stämpling mot stat och civil överhöghet, om landsförräderi. Hade ett land rätt att värja sig mot landsförräderi om det kom från kyrkligt håll? Kunde den civila lagen i det här fallet gå in och ta över frågan?

Sten Sture och det samlade riksrådet kom fram till att man kunde det och enigheten tycktes total. Men det dokument som sattes upp i allas namn visar tydligt oron över att beslutet inte skulle hålla mot påve och kuria. Man försökte försäkra sig genom att gå ihop – alla för en och en för alla. Ja, utom Brask då som skaffade sig en egen försäkring. Per Stobaeus betonar i sin avhandling om Brask att denne var ambivalent till påvemakten. Han ville i och för sig att den lokala kyrkan skulle vara stark men samtidigt att påven skulle konfirmera alla biskopsval. I det låg naturligtvis också att konfirmera ett eventuellt beslut om "uppsägning" av en biskop.[41] Det uttrycker han också i klartext till Sten Sture efter att Trolle avlägsnats från biskopsstolen. I Brasks ögon var beslutet inte bara felaktigt, det var en nullitet. Liksom Jakob Ulfsson tvekade han inte att hålla på den kyrkliga jurisdiktionen.

AVSÄTTNINGEN AV TROLLE

Vid riksdagens möte den 23 november 1517 i Stockholm deltog rådsmedlemmar, biskopar, adel, bergsmän och bönder. Det måste ha stått rätt klart för alla deltagande att det vore ohållbart i längden att låta landets riksföreståndare och ärkebiskopen stå på olika sidor i den väntande striden mot

Kristian II. Sture var vald riksföreståndare och Trolle propagerade för den danske kungen, en klart upprorisk handling som han inte dolde utan tvärtom uppmanade andra att följa. Mötet beslöt enhälligt att man inte längre ville ha Trolle som ärkebiskop och dessutom att ärkebiskopssätet Stäket skulle jämnas med marken för att inte kunna utnyttjas av Kristian vid ett anfall mot Stockholm. Ett dokument på pergament uppsattes över beslutet och deltagarna hängde sina sigill under namnteckningarna. Möjligen pillade Brask nu in sin berömda lapp under sitt sigill. Beslutet hade fattats i laga ordning av en bred uppslutning och blivit skriftligt dokumenterat, något som senare blev en del av katastrofen.[42]

Strax efter årsskiftet 1518 började man riva borgen och skickade teglet till Stockholm. Borgen revs ner till grunden. Kanoner och andra vapen fördes till slottet i Stockholm.

Trolle hade fått flera chanser att backa. Om han nedlade sitt ämbete, överlämnade Stäket och svor trohetsed till riksföreståndaren skulle han kunna återgå som ärkebiskop. Men det tycks inte ha varit något som han överhuvudtaget övervägde.

I december 1517 resignerade, det vill säga avgick Trolle från sitt ämbete, varefter han togs i förvar och sattes i fängelse i Västerås kloster. Ett antal andra personer fängslades också, bl. a. hans far Erik Trolle och den gamle Jakob Ulfsson. Nu inställde sig nästa stora fråga, vem skulle bli ny ärkebiskop? Sture bestämmer nu en dag för ett rådsmöte i Uppsala i januari 1518 för att diskutera ärkebiskopsvalet. Biskop Brask, som var väl förfaren i kanonisk rätt, meddelar att han inte tänker komma. Han har ont i halsen. Men han skickar ett brev till Sture som i stort går ut på att denne inte ska lägga sig i frågan som han menar är av helt kyrklig art. Det visar sig att inte bara Brask uteblir. Flertalet av det högre prästerskapet uteblir.

I Stures brev till Brask hade han meddelat att Trolle hade resignerat men på det svarar Brask att resignationen inte är giltig; ett antal krav som den kanoniska lagen uppställer hade inte uppfyllts. Med andra ord var Trolle fortfarande att anse som ärkebiskop. Brask skriver också att om det skulle bli en rättslig prövning, vilket han tycks förutse, skulle ett nyval inte kunna försvaras ur kyrkorättslig synpunkt.[43] Men faktum är att det finns nordiska exempel på att en svensk ärkebiskop fråndömts sitt ämbete nästan hundra år tidigare. År 1419 gällde det ärkebiskop Jöns Gereksen som fråntogs sitt ämbete. Man framhöll i domen att det nordiska stormansmötet hade erforderlig kompetens att göra så. Om kätteri var det inte tal den gången.

Det fanns kritik mot Trolle på många håll, också inom kyrkan, men i det här läget höll man ihop och gav inte Sture någon hjälp att lösa problemet på juridisk väg, varken med den ena eller den andra lagen. Sten Sture var själv medveten om det juridiskt tveksamma med resignationen och ett kommande nyval och han lämnar nu åt domkapitlet att välja ny ärkebiskop. Men han har ett krav och det är att de ska välja någon som han själv accepterar. Det var inte något nytt. Tidigare kungar och drottningar hade som regel lagt sig i frågan om ny ärkebiskop av det enkla skälet att ärkebiskopen ledde riksrådet och därmed var en maktfaktor att räkna med. I bakgrunden fanns hela tiden påvemakten och en strid på den fronten ville man undvika. Kyrkan å sin sida ville naturligtvis ha full frihet att välja vem de ville utan att statsmakten lade sig i. Det högre prästeståndet hade ofta flera års erfarenhet från maktspelet i Rom och var kunniga både i svensk och kanonisk rätt, en kunskap som de ofta utnyttjade mästerligt.

NY ÄRKEBISKOP

Vid distingen i Uppsala år 1518 samlades rådet igen och domkapitlet meddelade då att man valt biskop Mattias till ny ärkebiskop. I det här läget tycks man i domkapitlet ha uppfattat resignationen som giltig. Sture accepterade valet och man kan tycka att därmed hade saken varit avklarad och problemen undanröjda. Men icke. Istället började biskop Mattias och domkapitlet en förhalningstaktik för att fördröja den definitiva tillsättningen. Sture har uppfattat det så att de ville invänta Kristians intåg i Sverige för att efter hans seger kunna återgå till det som gällde innan, att Trolle var ärkebiskop.

Efter att domkapitlet dragit ut på svaret och sänt artiga men intetsägande svar på Stures allt ivrigare påminnelser tar så biskop Mattias motvilligt till orda. Han låter meddela att han är tvehågsen till utnämningen men att han, när isen gått upp, skall avge ett svar. Formuleringen blir begriplig när man tänker på att biskopen befann sig på sin borg på ön Tynnelsö i Mälaren. Om isen varken höll eller bröt upp var man fast där. Ön ligger dock inte särskilt långt ifrån Strängnäs och som skäl att inte kunna lämna ett svar var det inte mycket att ha.

Biskop Mattias hänvisade också till ett väntande gudomligt svar på frågan om han skulle acceptera eller inte. Kanske fick han ingen ingivelse från Gud. Eller också ville han inte bli ärkebiskop. Han tackade aldrig ja till förfrågan. Häri sällade han sig till Trolle och de övriga biskoparna liksom domkapitlet i Uppsala. Man godkände inte Trolles resignation och därmed inget som kom efter den. Man satte sig på tvären genom passivitet.

Sten Stures hållning igenom hela denna procedur är entydigt att kyrkan själv ska lösa frågan men utan att dra ut på den. Han visar tydligt att han inte tänker gå in och sätta sig över kyrkans självbestämmanderätt men han vill ha en lösning snarast möjligt. Problemet var Gustaf Trolle.

Vad som sedan hände, eller inte hände, i Västerås med den fängslade Trolle är oklart. Trolle själv sade att han blev utsatt för ett mordförsök. Vid sin stora anklagelseakt strax före blodbadet visade han upp skador som han ska ha fått vid mordförsöket. Han hävdade att någon slagit honom i huvudet.

När meddelandet om händelserna nådde Kristian tog han det som en välkommen förevändning att bege sig till Sverige för att undsätta Trolle. I juni 1517 stod ett slag vid den gamla gården Vädla, som låg där nu Diplomatstaden och Ladugårdsgärdet möts i Stockholm. På danska sidan ledde Kristian själv striden, som blev ett nederlag för danskarna som var dåligt förberedda och dessutom led av bristande försörjning av trupperna. Danskarna drog sig tillbaka.

SLAGET VID BRÄNNKYRKA

Nästa år drog det ihop sig till en större strid vid Brännkyrka strax söder om Stockholm, där danskarna den 27 juli 1518 besegrades av en bondehär ledd av Sten Sture. Kristian drog sig tillbaka till sitt skepp. Efter lite funderande sände han bud till Sture och bad om ett möte vid en utsedd plats i Västerhaninge på Södertörn. När Sture gick med på det kom Kristian med ännu en begäran, nämligen att Sture skulle sända sex av sina mest betrodda män som gisslan till Kristians skepp. De skulle stanna där under mötet och först efter Kristians återkomst till skeppet skulle de släppas i land igen. Sten Sture gick med också på det.

Men Kristian höll inte sitt ord. Medan Sture väntade i två dagar på den utsedda platsen stannade Kristian kvar på sitt skepp. Så snart de sex i gisslan anlänt satte han segel hem mot Danmark med gisslan kvar ombord. De sex unga adelsmännen i gisslan var Olof Bengtsson Ryning, biskop electus Hemming Gadh, bröderna Göran och Lars Siggesson (Sparre), Bengt Nilsson (Färla) och den unge Gustav Eriksson (Vasa).

HEMMING GADH

Att föra bort de sex männen i gisslan var naturligtvis ett stort svek. De fördes till fångenskap i Danmark men för Hemming Gadh blev katastrofen större än så. Den position han haft som närmaste rådgivare åt Svante Sture och sedan Sten Sture den yngre hade under en tid tagits över av Peder Jakobsson, säkert till Gadhs stora sorg och missräkning. När nu Gadh överraskande fördes bort från arenan inympades misstankar hos Sten Sture att händelsen inte skulle varit så helt oplanerad. Misstankarna handlade om att Gadh "av fri vilja och i förrädiskt samförstånd hade åtföljt" Kristian.[44] Gottfrid Carlsson hävdar att idéerna härrörde från Peder Jakobsson som såg sin chans att definitivt bli av med konkurrenten Gadh. Av någon anledning satte Sten Sture tilltro till anklagelsen och fråntog Gadh hans privata egendom och dessutom Kastelholms slott och län som han fått i förläning. Kastelholm lämnade Sture istället över till Kristinas bror Erik Nilsson Gyllenstierna som dittills varit häradshövding i Vallentuna. För Gadh måste det naturligtvis ha varit en besvikelse att Sten Sture så kunde vända sig emot honom. Men det förefaller som om han trots det var lojal mot Sture så länge denne levde. Efter Stures död misströstade han om att Sverige skulle kunna stå emot Kristian och gick istället över till den danske kungen.

ARCIMBOLDUS

Sten Sture försökte i efterhand få till stånd ett godkännande från påven av avsättningen och rivningen av Stäket. En påvlig legat, Johannes Angelus Arcimboldus, hade tillsammans med sin bror Antonello kommit till Sverige våren 1518 med två påvliga uppdrag. Det ena var att försöka ena de stridiga viljorna här uppe i Norden och det andra att sälja avlatsbrev till byggandet av Peterskyrkan, och det gjorde han också med stor framgång. Sture såg nu chansen att utnyttja legatens kontakter genom att låta förstå att denne skulle kunna få överta den lediga ärkebiskopsstolen mot lite tjänster, det vill säga övertalning av påven att acceptera avsättningen av Trolle.

Kristian II å sin sida såg en möjlighet att misskreditera Sture genom att också han vända sig till påven för att påtala det brott mot den kanoniska lagen som han ansåg att avsättningen och framförallt förstörandet av borgen inklusive tillgrepp av kyrklig egendom var. År 1517 hade han låtit den danske ärkebiskopen Birger i Lund bannlysa Sten Sture.[45] Någon större effekt fick inte bannet den gången, bland annat för att Arcimboldus ingrep och fördröjde åtgärden.

Arcimboldus drog genom sina avlatspredikningar in stora summor, i reda pengar, i guld och i silver men i brist på annat också i varor som gick att omsätta i pengar. I gengäld utdelade han fina titlar till det svenska prästerskapet, bland annat till Peder Jakobsson. På hösten 1518 anlände Arcimboldus till Stockholm och fick logi på Gråbrödraklostret. Söndagen veckan efter kom Kristina Gyllenstierna dit i sällskap med stadens präster och munkar och andra framstående män för att hälsa honom välkommen.[46] De förde honom i procession först till Storkyrkans högmässa och därefter tillbaka till klostret. Det är av visst intresse att det var Kristina som ledde välkomnandet och processionen. Sten Sture var inte i staden. Man hade kunnat tänka sig att en biskop eller stadens borgmästare hade kunnat ersätta Sten Sture men det blev Kristina. Man kan säga att hon här fullgjorde en uppgift som motsvarade det en drottning skulle ha gjort i samma situation. Det var inte självklart så att en riksföreståndares hustru representerade landet eller staden. Jag ser det som ett uttryck för Stures stora förtroende för henne.

I Stockholm började man nu rusta för strid. Enligt Nils Ahnlund lät man krutkvarnen gå för fullt, man förstärkte också bommar och utanverk på det pålverk som omgav staden och skaffade stora mängder med pilar till bågar och armborst.[47] Man brände också ner husen på malmarna för att inte dessa skulle ge skydd för fienden. Bara kyrkor och kapell skonades.

MÖTE I ARBOGA 1518

I december 1518 hölls ett möte i Arboga för att få till stånd någon lösning på ärkebiskopsproblemet. Gustaf Trolle hämtades dit från sitt förvar på Västerås slott dit han flyttats från klostret.

Arcimboldus fick alla akter om avsättningen och gick igenom dem. Resultatet blev att Trolle skrev en ny resignationsakt som skickades till påven med en anhållan från domkapitlet att påven skulle utse Arcimboldus till ny ärkebiskop. Men på vägen ner till Rom stoppades planerna av Kristian II, som också passade på att konfiskera det mesta av de avlater som legaten samlat ihop i Norden. I sista minuten räddade sig denne tillbaka till Sverige. Kristian skickade sedan ner olika anklagelseakter till påven, vilket allt försämrade Arcimboldus chans till utnämningen. När han så småningom återvände till Rom tog han inte vägen över Danmark och ärendet blev liggande.

Arcimboldus hade också försökt häva bannet som lagts över Sten Sture. Men Trolle klagade vid kurian och ärendet togs upp vid den påvliga domstolen. År 1519 kom ett nytt bann vilket innebar att man i Sverige varken fick hålla gudstjänster eller förrätta bröllop, dop eller begravningar. Det kyrkliga livet i det ännu katolska Sverige stannade helt enkelt av vilket naturligtvis satte en stark press på riksföreståndaren.

Hur mycket Kristina var insatt i denna strid är okänt. Men bannet och interdiktet som hängde över dem alla och i synnerhet över hennes make var lika verkligt för henne. Hon och Sture var i det närmaste jämnåriga till skillnad från många andra par i statsledande ställning. De var unga och hade inte varit gifta länge när Sten Sture, genom fadern Svantes plötsliga död, kom till makten. Till skillnad från alla de äktenskap där en drottning kom från ett annat land, med ett annat språk och okunnighet om det nya landets politik och kultur, så kom Kristina och hennes make från samma kretsar och med samma bakgrund. Utan att veta hur det faktiskt var kan man säga att deras förutsättningar att vara ett någorlunda jämställt par som var lika insatta i politiken var ovanligt gynnsamma. De hade ansedda, starka och förmögna ätter bakom sig och var väl förankrade i det politiska och sociala livet i Sverige.

KRISTIAN II RUSTAR

Påvens reaktion på den svenske ärkebiskopens avsättning gav Kristian II det stöd han behövde, för att under förevändning av att han handlade på påvens uppdrag genomföra bestraffningen av Sten Sture och hans anhängare ().

Den misslyckade striden vid Brännkyrka år 1518 utanför Stockholm hade på intet vis avskräckt Kristian som nu förberedde nya krigståg mot Sverige. Han förefaller att ha varit övertygad om sin obestridliga rätt till Sveriges krona och med påvens stöd såg han sin chans att utnyttja läget i Sverige. Han förberedde denna gång fälttåget noggrannare än vid tidigare tillfällen genom att bland annat enrollera legosoldater från Tyskland, Frankrike och Skottland. Dessa trupper var effektiva, tränade yrkesmän men också dyra i drift. Bland de skotska soldaterna ska ha ingått ett större antal fredlösa män som hade gjort sig skyldiga till grov brottslighet. De hade av den skotska regeringen blivit lovade benådning om de gick i Kristians tjänst. Om det verkligen är sant eller är en berättelse utspridd med avsikt att skrämmas kan man ju undra. Men skottarna ställde till med så mycket problem i Köpenhamn, medan de väntade på att ge sig iväg till kriget i Sverige, att Kristian nog fick anledning att ångra just det valet. De var också vana vid att plundra och använda grovt övervåld, vilket uppväckte ett djupt hat som förstås även slog tillbaka på den som anställt dem.

Den här gången anskaffade Kristian också rikligare med proviant – vis av erfarenheten. Han hade år 1515 gift sig med prinsessan Elisabeth av Österrike[48] och hennes hemgift, som visserligen utbetalades sent och ofullständigt, kom väl till pass för att förstärka krigskassan. Möjligen använde han dessutom de avlatspenningar som Arcimboldus hade samlat in till påven och som han beslagtagit. Dessutom höjde han skatter och tullar och tog upp stora nya lån från danska biskopar och domkapitel. I gränslandskapen mot Sverige, Skåne och Halland, förbjöds gränshandeln mot Sverige, inte bara för krigsförnödenheter utan också salt, sill, korn och humle. Genom att stoppa exporten av livsmedel kunde han själv lägga beslag på dem för danska soldaters räkning och hindra att de kom svenskarna till del. Han utsåg Otto Krumpen till befälhavare för den danska armén men förstärkte med ytterligare ett antal militärer på höga poster. Otto Krumpen blev så småningom riddare och riksråd.

Planen var att Krumpen skulle gå in i Sverige genom Västergötland för att senare göra en sväng upp mot Mälarlandskapen med Stockholm som slutligt mål. Samtidigt skickades en mindre truppstyrka upp genom Småland och Östergötland. Det avgörande var att ta Stockholm, denna fasta borg som svårligen lät sig intas. Själv tänkte han ta sjövägen mot Stockholm.

Men Kristian tänkte använda sig av ytterligare ett vapen. Den bannlysning som tidigare riktats mot Sten Sture från Lundabiskopen hade aldrig riktigt fungerat. Nu lyckades Kristian få ett brev från själve påven där denne hotade Sture och alla som hjälpte honom med bannlysning. Dessutom föreskrev han en bot på 100 000 dukater om inte Trolle dels sattes på fri fot och återinsattes i sitt ämbete, dels ersattes för den skada han lidit. Stäket skulle dessutom återuppbyggas. Men dessutom lades nu ett interdikt över hela Sverige. Längs med den väg som den danska hären tog slogs nu också bannlysningen upp på alla kyrkdörrar för att kunna läsas av alla och envar. Det skedde för övrigt också på kyrkportar i Lübeck.

Av någon anledning ser man inte samma noggranna krigsförberedelser i Sverige. Sture tycks ha förlitat sig på seger, möjligen med Sten Stures d.ä. stora seger på Brunkeberg och sin egen seger vid Brännkyrka i minnet. Han var själv beredd att gå in och leda trupperna men tycks aldrig ha räknat med risken att behöva en ersättare eller ens att ha andra män som samtidigt ledde och tog ansvar för strid. Om det berodde på ungdomlig kaxighet eller dåliga rådgivare är svårt att säga men resultatet blev förödande. Till det kom att danskarnas truppstyrka uppges ha varit var dubbelt så stor, 20 000 man mot Sturarnas 10 000, men det kan mycket väl vara överdrivet. Lars Ericson Wolke påpekar att det var svårt att försörja trupper vintertid i Sverige, och det talar emot det stora antalet danskar.[49] Det var svårare att i det glesbefolkade Sverige få ihop en tillräckligt stor allmogearmé, vilket innebär att den danska styrkan möjligen var större än den svenska, men framför allt var den danska armén bättre utrustad.

Kristian hade dessutom lyckats skaffa fram ett stort antal tränade män med krigserfarenhet, medan den svenska hären till alltför stor del bestod av illa utrustade och otränade bönder, en allmogehär. Det västgötska frälset fick också släppa till sina svenner men i praktiken gällde det nog bara för det Sturetrogna frälset.

För det här anfallet valde Kristian att inte ta sjövägen till Sverige och inte gå direkt på Stockholm. Han bestämde sig för att landvägen gå upp genom Västergötland, en väg som danskar i alla tider använt sig av för strider i Sverige. Det var bara möjligt i vinterväglag och under förutsättning att vattendrag och sumpmarker var tillräckligt frusna för att hålla för trupper och transporter, men att snön inte var för djup. Och just så var förhållandena i februari 1520. Danskarna gick utan större svårighet upp i södra Sverige. Vid staden Bogesund (nuvarande Ulricehamn) mötte man svenskarna den 19 januari 1520.

SLAGET PÅ ÅSUNDEN

Slaget stod på Åsundens is, några kilometer från staden. Sture ska ha valt ut platsen för striden, ett bergigt område där sjön smalnar av ansågs lämpligast. De båda vägar som löpte längs med sjön spärrades av med bråtar. Man låg på båda sidor om sjön och inväntade danskarna som förväntades komma upp på den frusna sjön söderifrån. Sjöns bredd var ca en km och på isen ställdes de svenska trupperna upp. Man lät sedan hugga upp isen längs med de egna trupperna för att hindra anfall från sidorna. Sture anförde själv sina trupper men det som inte fick hända hände. Alldeles i början av striden träffades han och hans häst av en rikoschetterande falkonettkula, antagligen från en av de sex kanoner som Kristian lyckats rekvirera från Frankrike. Olaus Petri uttrycker det så här: "Ther bleff tå her Steen som war medh the fremsta i spetzen skuttin i benet."[50] Hästen under honom dog och hans eget knä trasades sönder. I ett sådant läge borde han ha kunnat lämna över till en duglig kraft som kunnat ta över i hans ställe. Men ingen sådan man fanns – inte till hands och som det verkar inte ens utsedd, vilket var en allvarlig brist som fick konsekvenser. Nyheten spred sig snabbt till männen där ute på isen och i fruktan eller panik eller helt enkelt i misströstan över att kunna hantera läget utan militär ledning gav hans män snart upp och skingrades. I spridda trupper retirerade de norrut bort från de förföljande danskarna som leddes av Otto Krumpen.

Sten Sture ska enligt traditionen ha lagts på en släde och förts undan striden. I denna kaotiska situation – vad tänkte han? Den stora striden som man förberett sig för var slut nästan innan den börjat. Det är allmänt känt att vid trauman som detta, att få en stor sårskada, reagerar kroppen med chock och den stora smärtan dröjer ett tag, kanske uppemot en halvtimme. Tusen tankar måste rusat runt i hans huvud. Förvåning över att striden så snabbt var över för hans del, skräck kanske i första hand för utgången av striden, ett trängande behov av att snabbt planera om. Men hur? Han levde ännu och han var ung och stark men satt ur spel för vidare militär aktivitet. Han gav order om att snarast bli förd norrut till Stockholm, förmodligen i förhoppningen om att därifrån kunna leda försvaret åtminstone av Stockholms slott. Enligt

Olaus Petri försökte han sig också på en sista åtgärd för att förhindra att Sverige gick förlorat genom att ge sin trogne rådgivare riksrådet Måns Gren och biskop Mattias Gregersson (Lillie) av Strängnäs i uppdrag att söka försoning med Gustaf Trolle.[51] Enligt Olaus Petri ska Trolle då hållit god min och sagt att han"war beneghen til wilia och wenskap med her Steen, och at han wille ingalunda falla til rikesens fiender."[52] Men allt var förgäves, i en släde på Mälarens is dog Sten Sture den 3 februari, bara 27 år gammal, två veckor efter det olycksaliga skottet.

På Stockholms slott väntade hans hustru Kristina Gyllenstierna. Man kan lätt föreställa sig den oro och förfäran hon måste känt vid budet om hans skador och sedan vid beskedet om hans död. För henne var det inte i första hand en riksföreståndare som dött utan hennes make och fadern till hennes fem små barn och hennes väntade sjätte. Ingen visste vad som skulle hända nu.

Nere i Västergötland utnyttjade förstås danskarna situationen. De följde de flyende svenskarna men i ganska maklig takt. På vägen norrut passade de på att skövla och bränna ner de städer de passerade på vägen, bland annat Ulricehamn, Skövde, Falköping och Skara. Somliga orter lyckades undgå nedbränning mot att de betalade en hög brandskatt till danskarna. Inte förrän man kom upp till det gamla gränsskogsområdet Tiveden hejdades danskarna. Här i den svårframkomliga terrängen hade svenskarna byggt bråtar över den enda vägen för att hejda danskarna. Idag med alla våra vägar i alla riktningar är det svårt att tänka sig Tiveden som så näst intill ointagligt och ofarbart. Men historikern C.F. Allen som på 1870-talet skriver om de tre nordiska rikenas historia berättar om hur Tiveden ännu på hans tid var en milsvid, oländig och djup granskog med klippblock, stenig morän och sumpiga kärr. Det blev att klättra, kliva över stock och sten och ta ständiga omvägar om man skulle ta sig fram på annat sätt än på vägen. Den täta skogen och de korta januaridagarna gjorde att man med en stor här bara kunde gå i dagsljus om man försökte sig på att gå utanför vägen. Risken att gå vilse var uppenbar.

FÖRRÄDERI?

Det finns uppgifter om ett svenskt förräderi som ledde danskarna runt bakhållen och bråtarna. Olaus Petri skriver i sin svenska krönika att riddaren Erik Abrahamsson Leijonhufvud ska ha varit den som visade vägen. Sten Sture den yngre hade gjort Leijonhufvud till såväl riksråd som befälhavare över Västergötland och satt honom på Örebro slott som hövitsman. Om uppgiften är riktig var det ett häpnadsväckande förräderi. Om det nu var förklaringen eller inte, så bröt danskarna i alla fall igenom efter en blodig strid och närmade sig Mälarområdet. Erik Abrahamsson gick sedan öppet över till Kristian vilket möjligen skulle kunna förklara att man i efterhand också lagt på honom förräderiet.

Några av Stures anhängare samlades efter dödsbudet på Tynnelsö slott strax utanför Strängnäs hos biskop Mattias Gregersen (Lillie). Andra samlades hos Knut Bengtsson (Sparre) på Engsö slott. En allmän förvirring uppstod efter dödsbudet. En ny riksföreståndare måste väljas och det omgående eftersom landet nu var i krig. Dessvärre trädde ingen självklar ledare fram för att överta Stures roll.

Försvar och kapitulation

KRISTINA

Den som tydligast visade en vilja i någon riktning var Kristina. Hon ville inte ge upp. Om det var för sakens skull, för att fortsätta makens kamp mot Kristian, eller möjligen för att som förmyndare för sönerna rädda styret av landet för att de en dag skulle kunna ta över, eller på grund av någon allmän pliktkänsla kan vi inte veta. Kanske växte det hos henne också en ilska och trotsighet över den håglöshet och obeslutsamhet hon såg hos andra, som hon hade väntat sig mer av.

Det stod snart skrämmande klart att det var dåligt med kampviljan för övrigt. Flera av Stureanhängarna ville ge upp och lämna över till Kristian. Tilltron till det svenska försvaret sviktade och somliga såg framför sig vad som skulle hända om man tog upp kampen mot danskarna och ändå förlorade. Kanske var det bättre att snabbt byta sida och liera sig med Kristian för att rädda vad som räddas kunde av vad man ägde. Kring Kristina glesnade skaran av anhängare då den ena efter den andra hoppade av. En liten grupp hade hon dock kvar, däribland riksrådet Måns Gren till Tidö. Han hade hela tiden varit lojal mot Sturarna. Det var till honom som Sten Sture den yngre överlåtit Nyköpings slott sedan han fråntagit Sten Kristiernsson Oxenstierna befälet där år 1516.

Stockholms borgerskap ställde sig också bakom Kristina. En av förklaringarna till det var nog Sten Sture den äldres agerande efter striden vid Brunkeberg. Fram till dess hade städernas och särskilt Stockholms handels- och köpmansliv dominerats av tyska köpmän, som i Stockholm också satt i magistraten. Från och med nu skulle istället staden skötas av svenskar, så att till exempel borgmästare och stadens rådmän skulle vara svenskar. Detta skulle också i görligaste mån gälla för stadens handelsliv. Det innebar naturligtvis ett hägrande, efterlängtat uppsving för svenska borgare och köpmän. Den lojalitet dessa kände för den äldre Sten Sture flyttades över på Sten Sture den yngre och senare också på Kristina. Stockholms borgare och handelsmän hade också ett sedan länge inarbetat ekonomiskt samarbete med bergsmän och den handel som rörde Hansan. Här fanns en konflikt med unionsintressen som i stället ville gynna danskarnas intresse av att motarbeta Hansan.

Kristina skriver nu till en av Sten Stures anhängare, Ture Jönsson Tre Rosor, och han svarar henne, "Kere frw Kirsten, gode besynderlige ven" och beklagar sorgen. Han försäkrar att han skall "rame [se till] iders och iders käre faderlösse barnss beste i alla motthe" och att han skall bege sig till Stockholm.[53]

I det läge som uppstod var hon tämligen ensam om att göra något alls för att rädda svensk självständighet. Hon skrev brev till allmogen för att söka deras stöd. I ett långt brev riktat till invånarna i Rekarna och Södermanland talar hon för sig själv och borgmästare, råd och menighet i Stockholm och skriver:

> Kære wenner, maa i wettha, at nw i thesse daghe finge wi hiit til Stocholm the gode mændhs bredff wtaff Dalene, Koperbergsmen, Sylffbergsmen, Jærnbergsmen, bönder oc menighe almoge, som

vppaa Twne landstingh wore forsambledhe paa
menige landsens wegne, [...] at them tykkis ganske
ille oc ynkesamth ware, som wæl oc i sanninghen ær,
at ingen godh man aff ridderskap vil siig vppa taghe
at hielpe Swärigx almoge oc straffwe sadane fiender,
kongens folk, som hiit in i rikit inkomne ære, mörda,
bræna oc röffwa, [...]"[54]

(Kära vänner, ni må veta, att nu i dessa dagar fick vi
hit till Stockholm brev från de goda män av Dalarna,
Kopparbergsmän, Silverbergsmän, Järnbergsmän,
bönder och meniga allmogen, som var församlade på
Tuna landsting på rikets vägnar [...] att det tycks dem
vara ganska illa och ynkligt, vilket väl också är sant,
att inte någon god man från ridderskapet vill ta på
sig att hjälpa Sveriges allmoge och straffa sådana fien-
der som kungens folk som kommit hit in i riket för
att mörda, bränna och röva.) (*Förf översättning*)

Hon berättar också att hon förgäves i fyra brev försökt förmå
Ture Jönsson att ta på sig ledarrollen för det militära och att
han vägrat trots att hon ställt Stockholms stad och slott till
hans förfogande med "liv oc gods, skepp, bössor och vapen
och menige män". Därför uppmanar hon nu allmogen ("Saa
bedie, raade och formane wi eder") att inte längre lyssna på
eller lyda honom om han kommer till dem med bön om hjälp.
Hon berättar också att allmogen i Dalarna är villig att fortsatt
hålla det förbund som gjorts mellan dem och Stockholms
stad. Vidare skriver hon att vissa biskopar vill kröna Kristian
i Uppsala mot Sveriges lag och "menige mans samtycke",
och därför vill nu allmogen från Småland och Östergötland
skicka folk "edher oc then Oplendske almoge till hielp oc tröst".

Hon fortsätter med en uppmaning:

Så ber vi er därför, att ni alla skall vara beredda, och när allmogen kommer hit upp [från Småland och Östergötland] och goda män från Dalarna å sin sida drar ner, att ni då med yttersta makt och era bästa vapen rycker ut för att göra en ände och befria ert fädernesland från alla våra fienders händer, när ni får order därom.

Hon skriver också att hon fått goda underrättelser från Finland om att "the gode herrar" nu har kommit för att ge hjälp, tröst och undsättning. Dessutom har hon fått bud från Tyskland om hjälp till midsommaren. Det skulle senare dock visa sig vara mer en förhoppning än verklighet. Sen uppmanar hon dem att vara vid god vilja och att stå fast vid sitt fädernesrike och ha förtröstan.

Kristina var inte den enda som skrev brev till Ture Jönsson. Folket i Tuna hade precis som Kristina vänt sig till honom och bett om hjälp, men förgäves, och redan den 5 februari 1520 hade också den danske kungen skrivit ett brev till honom.

Hur många brev Kristina skickade ut till allmogen med vädjan om hjälp är inte känt eftersom bara ett fåtal är bevarade. Men eftersom brev från henne nämns av andra personer förstår man att det ursprungligen fanns fler. På det tyder till exempel ett brev till kung Kristian från Otto Krumpen som visar att denne såg skrivelserna som ett problem.[55] Krumpen berättar att inte bara Kristina skickar skrivelser utan också andra omkring henne som Måns Gren och Sten Stures kansler Peder Jakobsson. Breven innehåller inte bara en vädjan om hjälp utan man påtalar också faran i att lita på Kristian, en man som man säger inte håller vad han lovar. Enligt C. F. Allen bar också breven frukt. Allmogen reste sig på många håll och beredde sig på kamp. Många bondehärar drog till Uppsala där den danska huvudstyrkan fanns. Men ingen stark man fanns som kunde ena och hålla samman dessa spridda styrkor. De var välmotiverade men fick ingen tydlig ledning. Spridda mindre skärmytslingar uppstod men utan större verkan.

Av några brev från biskop Brask av Linköping till Gustaf Trolle framgår att Kristinas folk gör vad de kan. I ett brev skriver den unionsvänlige Trolle att hela landsorten är uppviglad av fru Kristinas anhängare och han önskar att kung Kristian ska sända dit några tusen knektar för att skapa ordning.[56]

Men Kristina hade några män hos sig på slottet i Stockholm som stod på hennes sida och ingick i slottsloven, först och främst riksråden Måns Gren till Tidö och hans morbror, Bengt Arendsson (Ulv), men också Erik Kuse till Erstavik och Almby och Michel Nilsson till Björkskog. Flertalet fasta slott låg fortfarande också under henne eller under andra Sturetrogna män. Slottsloven var alla ställda under Stockholms slott och där satt Kristina.

Måns Gren var dessutom hövitsman på Nyköpings slott sedan år 1516. Erik Kuse hade genom egna prestationer stigit i graderna från häradshövding och lagman till fogde på Stockholms slott. Det finns flera bevarade samtida omdömen om honom där han framställs som en redig karl som också är kvick i håg och hjärta. Bengt Arendsson (Ulv) till Ekolsund, riddare och riksråd, var hövitsman på Stockholms slott. Med henne fanns också Peder Erlandsson, Klas Kyle och slottsfogden Olof Björnsson (Halvmåne).

Men den ene efter den andre av Sturarnas forna anhängare avföll av olika skäl, troligen helt enkelt för att man trodde att kung Kristian skulle gå segrande ur kampen och att det vore mer fördelaktigt att liera sig med segraren.

Biskopen av Strängnäs, Mattias Gregersson (Lillie), som varit Sten Stures kansler och stått honom nära, avföll kort tid efter dödsfallet till Kristian och stöttade också den danske kungen ihärdigt fram till det otacksamma slut han fick röna under Stockholms blodbad. Detsamma gjorde riksrådet Knut Bengtsson Sparre och biskop Otto Svinhufvud av Västerås. Man samlades på Sparres gård Ängsö vid Mälaren och rådgjorde medan danskarna drog upp genom landet, skövlande och härjande.

Kretsen kring Kristina glesnade och bestod snart mest av allmogen, bergsfolket i Dalarna och borgarna i Stockholm. I praktiken hade nu Kristina tagit över ledningen och det var till henne dessa grupper satte sitt hopp. Denna unga småbarnsmamma, som väntade sitt sjätte barn, måste ha känt sig övergiven och sviken av många och att hon ändå axlade ansvaret för att i första hand rädda Stockholm och i andra hand riket från den erfarne danske kungen är anmärkningsvärt. Vi vet inte hur hon tänkte men hon måste själv ha trott tillräckligt på sina möjligheter för att tycka att det var mödan värt. Självklart hade hon inga som helst militära erfarenheter utan var hänvisad till andras erfarenhet och råd. Frågan var bara vilka hon skulle våga lita på i denna tid av allmänt svikande av lojaliteter. Till att börja med ansåg hon att hon behövde stöd utifrån och skickade redan i februari iväg Sten Stures kansler Peder Jakobsson till Danzig och Polen för att be om hjälp och stöd. Peder hade tjänstgjort som huskaplan, kansler och rådgivare redan under Stens far Svante och var väl insatt i Sturarnas kansliverksamhet och hade deras förtroende. Hur bra han var på att sköta förhandlingar återstod nu att se.

RESAN TILL DANZIG

För säkerhets skull lät hon sin äldste son, den sjuårige Nils Sture följa med, troligen för att få bort honom ur det som snart skulle bli stridszon. Risken att Kristian skulle göra ett försök att få Nils under sina vingar såg hon antagligen som stor. Peder hade under en tid verkat som Nils lärare och man kan anta att hon kände förtroende för honom. Den westfaliske kaparen Staffan Sasse, som redan tidigare varit i Sten Stures tjänst, var den som förde dem till Danzig. Han låg ute i Stockholms skärgård med några skepp och hade där avvaktat läget och väntat på order.

Möjligen fanns det ytterligare en tanke med att låta sonen Nils följa med på resan. Historiken Gottfrid Carlsson tror att Kristina kan ha återupptagit en plan som redan Svante Nilsson haft 1507 när han ville skicka sin son Sten, som han tänkte sig skulle ta över som riksföreståndare en dag, till det polska hovet för utbildning.[57] Nu blev det ingenting av med det den gången men Kristina kan ha känt till det. Kanske såg hon en möjlighet att kombinera hans utbildning med att tillfälligt få bort honom från ett utsatt läge i Sverige.

Att söka stöd från andra sidan Östersjön var inte helt gripet ur luften. Sten Sture hade en tid haft planer på ett förbund med Polen och också haft vissa kontakter med dem. Senast den 3 januari 1520 hade han skrivit ett brev till rådet i Danzig. Bara tre veckor efter hans död skriver nu också Kristina till rådet i Danzig.[58] Hon meddelar dem att hon förutom att hon tagit över förmyndarskapet för sina barn nu också tagit över förmyndarskapet för riket. Hon avser att hålla det i sin hand tills hennes barn, i första hand äldste sonen, växer upp. Hennes önskan är nu att fortsätta underhandlingarna med Polen och därför sände hon nu kreditivbrev för Peder Jakobsson och Staffan Sasse. Hon lovar att helt ställa sig bakom sin döde makes utfästelser. I slutet av brevet varnar hon för att Kristian, om han kommer till makten i Sverige, skulle understödja Högmästaren i Tyska orden och betunga hansestäderna med nya pålagor.

Peder Jakobssons uppdrag blir att försöka få till stånd ett fördrag med Danzig och andra preussiska hansestäder. Det var tänkt att innefatta såväl militära som handelsmässiga åtaganden och dessa skulle vara ömsesidiga. Muntliga instruktioner ska ha getts till Peder Jakobsson redan från den sårade Sten Sture strax efter slaget vid Bogesund och Kristina accepterade dem helt.[59] I Jakobssons instruktioner finns några långtgående löften om förmåner. Det svenska rikets slott och städer skulle hållas till de blivande bundsförvanternas bästa. Det kan ju låta som en orimlighet men ska nog inte tas så bokstavligt. Vad som i ett visst läge vore "det bästa" var säkert ett luddigt begrepp som kunde tolkas allt efter läget. Vidare lovar man att om man får hjälp så ska svenska hamnar och svensk proviant stå att användas fritt för de nya bundsförvanterna och dessutom ska de få ständig tullfrihet i Sverige. Det var långtgående löften men läget var ju också prekärt och det var knappt om tid.

En uppgift gör gällande att man ska ha använt den sjuårige Nils som påtryckningsmedel.[60] Enligt den ingick det i planen att man skulle träffa den polske kungen Sigismund och att lille Nils skulle överlämna stora mängder silver till kungen samtidigt som han skulle be om beskydd för sig och Sverige.

Men trots att Kristina hänvisade till deras tidigare goda förbindelser lyckades hon inte få hjälp från Polen som redan var upptaget av ett krig mot Ryssland. Just då tillkom dessutom ett förbund mellan Kristian och hansestäderna och man vågade inte hjälpa Sverige. I Lübeck hade man störts av att Sverige så tydligt vände sig till Polen först och inte ens skickat delegater till Lübeck. Man framhöll också som något negativt att Sverige nu styrdes av en kvinna. Dessutom trodde man inte att Sverige skulle kunna stå emot Kristian II någon längre tid. Man var också osäker på om det omtalade tidigare brevet från Sverige verkligen var skrivet av Sten Sture.[61]

Som alltid var eventuella allianser och nya förbund avhängigt av vem man trodde skulle bli den segrande parten i en konflikt. Det blev alltså inte något förbund. Det enda som tycks ha uppnåtts var att Staffan Sasse fick ett antal ryttare till sitt förfogande. En dansk observatör, Knud Skrivare, som skickats till Danzig av Kristian skriver till sin kung att den svenska delegationen höjer Kristina till skyarna. Uppenbarligen kände man behov av att stärka hennes ställning i Danzig och till viss del lyckades det tydligen. Knud Skrivare berättar vidare att "det går stora ord" om henne i staden.[62] För övrigt försöker man på alla sätt överdriva eller direkt ljuga om svenska framgångar och förminska de danska segrarna.

UPPSALAMÖTET – STILLESTÅND

Lite hjälp till Sverige kom ändå från Lübeck som med viss tvekan såg på Kristians framfart i Sverige. Man hade sedan länge handelsintressen att skydda i Stockholm. Den tyske Staffan Sasse lade sig åter med några skepp utanför Älvsnabben och avvaktade läget.

I Stockholm satte man igång med att ytterligare förstärka stadens försvar. Breven till allmogen började också ge resultat och i slutet av februari 1520 samlades en större styrka vid Eldssundet i Strängnäs. Här samlades nu "många tusen man", både "herremän, bergsmän och bönder".[63] Man var säkert upptänd av kämpaglöd men efterhand visade det sig att ingen från svenskarnas sida trädde fram för att leda striden och ju närmare danskarna kom, med Otto Krumpen i spetsen, desto osäkrare blev man. Strax innan danskarna tågade in i Strängnäs den 20 februari 1520 skingrades den svenska styrkan och gav sig av därifrån. Adelsmännen samlades på det närbelägna Tynnelsö hos biskop Mattias och diskuterade läget. Det slutade med att biskopen red in till Strängnäs och kom överens med Krumpen om 11 dagars stillestånd. Man beslöt också att sammankalla till ett möte i Uppsala för att besluta om man skulle ta upp striden med Kristian eller förlika sig.

En majoritet av det svenska riksrådet med bl. a. Strängnäsbiskopen Mattias Gregersson, ärkebiskop Gustaf Trolle och biskop Otto av Västerås men också den danske Otto Krumpen träffades i Uppsala i mars 1520. Man kom vid mötet fram till att i första hand begära stillestånd och sedan också underkasta sig kung Kristian mot löften om amnesti. Man erkänner Kristian som svensk kung och han stadfäster den dagtingan som de gjort.

Många ställde sig nu direkt bakom rådets beslut, men inte Kristina Gyllenstierna som vägrat komma till Uppsala trots inbjudan och istället beslöt att fortsätta att försvara Stockholm. De fasta slotten i Sverige hölls fortfarande med Sturetrogna män och slottsloven stod ännu under Stockholms slott som hölls av Kristina. Kalmar, Nyköping, Västerås, Stegeborg och Stegeholm hölls av Sturetrogna män.

I ett brev som Kristian skriver till invånarna i Västergötland i april 1520 uppmanar han dem att underkasta sig honom. Han meddelar dem att det svenska riksrådet erkänner honom som svensk kung. Troligen skrev han liknande brev till andra landsändar. Kristian satte in alla krafter på att nu en gång för alla betvinga detta folk som han uppfattade som så envist och obändigt.

STRID I TÄLJE

Olaus Petri omtalar en strid i trakten av Södertälje.[64] Biskop Mattias Gregersson (Lillie) sades ha rest runt i Sörmland, underförstått för att uppvigla folk mot Sturarna och propagera för kung Kristian. Kristina ska då ha skickat krigsfolk från Stockholm och en strid ska ha utkämpats. En av hennes egna svenner, Johan Helbregda, dödades och två andra, Gunnar Galle och Lasse Göthe, blev tillfångatagna. Olaus Petri skriver i fortsättningen att de som ute i landet höll på fru Kristina alltid försökte att göra Kristians folk avbräck, men att "lykkan och machten gik icke effter wilien".

SIDBYTE

Män som Ture Jönsson, biskoparna Vincent av Skara, biskop Mattias av Strängnäs och Erik Abrahamsson (Leijonhufvud) hade öppet gått över till Kristian.

Ture Jönsson (Tre Rosor) har av Styffe karaktäriserats så här: "Under hela sitt liv en politisk vinglare."[65] Det kan man ju säga om man bara ser till hur han flera gånger bytte sida. Men det var inte ett planlöst hattande. Enligt Herman Schück var hans värld och fosterland det Västergötland där han själv levde och hade sina egendomar.[66] Han var en rik man med en äldre tids värderingar och om han såg mot något annat håll än Västergötland var det närmast mot Norge. Därifrån kom hans mor och han hade ännu en stor och rik släkt där. För honom var det viktigt att Norges självständighet skyddades, i första hand från danskt styre. Han hade varken militär begåvning eller håg. Så kanske var han i det avseendet ingen större förlust för Kristina. Men han var det halmstrå hon sträckte sig efter, fast förgäves. Schück påpekar att Ture Jönsson höll hårt på att han som riksråd genom ed hade lovat kung Kristian tro och huldhet. Han höll också

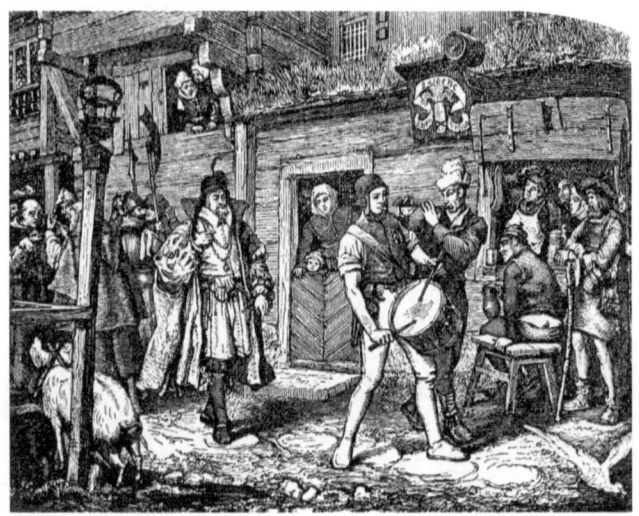

8. Ture Jönsson (Tre rosor) återvänder från riksmötet i Västerås. Etsning av Georg von Rosen 1869. Nationalmuseum, Stockholm. Källa: Schück 2013.

fast vid de danska kungarna tills den dag han ansåg att de brutit sin kungaed gentemot Sverige. Då gick han över till kung Gustav.

Med överenskommelsen i ryggen bestämde sig nu såväl danskar som de deltagande svenskarna i Uppsala för att ge besked om de beslutade villkoren till Stockholm. En styrka på ca 3 000 man sändes iväg från Uppsala och lade sig vid Spånga. Därifrån sändes en mindre styrka bestående av bland andra Henrik Sledorm och mäster Olof Petri[67] försedda med lejdebrev ner mot Stockholm med bud till Kristina. De tog sig ner till Norrmalm men klaffbron mellan Norrmalm och Helgeandsholmen var uppfälld och man fick invänta svar om inträde i staden. Svaret kom snart i form av beskjutning. Enligt Olaus Petri var det Måns Gren som från Helgeandsholmen besköt dem med "skerptinor och hakabyssor".[68] Som han lakoniskt skriver, "annor swar fingo the intet".

Sändebuden, med Uppsalakaniken Henrik Sledorm i spetsen, fick återvända med oförrättat ärende.

Kung Kristians mål var oförändrat att inta Stockholm och under förberedelserna förlades trupper i närheten av Västerås, Örsundsbro och Uppsala. Själve borgmästaren i Uppsala, en man vid namn Staffan Henriksson, bytte sida och övergick också han till danskarna.

LÅNGFREDAGSSLAGET

I april 1520 stod så ett större slag inne i Uppsala. Striden stod nära slottet och fynd tyder på att det var i närheten av nuvarande Stadsträdgården. Platsen ligger utmed Fyrisån och är än idag ett flackt område som då i början av april ska ha varit fruset. Det var ett uselt väder med snöglopp, regn och blåst, vilket inte hindrade svenskarna nämnvärt, men de danska trupperna fick problem. Deras hästar halkade och fastnade i kramsnö och snömodd och vapen och krut blev för ett tag obrukbara av fukten. Svenskarna som stred till fots med pålyxor och armborst fick ett övertag. De trodde sig ha vunnit slaget och övergick då till plundring och släppte uppmärksamheten på danskarna som under tiden samlade sig. I det här läget fick danskarna hjälp av att vädret slog om till det bättre och de kunde åter sitta upp på sina hästar. Dålig ledning och bristande disciplin hos svenskarna gjorde att man snabbt förlorade den vunna segern till de mer stridsvana och disciplinerade danskarna.

Det slutade med ett blodigt nederlag för den svenska allmogen och en stort antal döda. Kvar i minnet förblev den obarmhärtiga konsekvensen av interdiktet mot svenskarna. Medan de danska offren begravdes lät man de svenska ligga kvar, obegravda. Enligt Gustaf Trolle var de kättare, en åsikt som många svenskar aldrig förlät honom. Enligt vissa källor ska kropparna ha legat där i månader och börjat ruttna. Somliga kroppar tycks i smyg ha hämtats och begravts på platser utanför staden, men nutida arkeologiska upptäckter visar att de flesta lades i massgravar på platsen.[69]

STOCKHOLM

Men i Stockholm gav man sig inte. För många borgargrupper och för en stor del av allmogen blev man ett föredöme. Närkes bönder reste sig och tillfångatog Erik Abrahamsson Leijonhufvud. Kristian, som under tiden återvänt till Danmark, seglade nu än en gång upp mot Sverige. Först stannade han till i Kalmar. Han hade tänkt sig att få slottet överlämnat till sig men hövitsmannen där, Johan Magnusson Natt och Dag, vägrade. Kristian fick ge upp. Antagligen hade han inte någon större styrka med sig eftersom de flesta av hans män fanns på landbacken på olika håll i Sverige.

Danskarna fortsatte mot Stockholm och stod snart på malmarna nära staden. Kristian låg med sin flotta inne i Stockholm med härläger på nuvarande Djurgården och Skeppsholmen. I början av maj 1520 var Stockholm belägrat. Kristian hade också underhandlat med olika hansestäder och fått till stånd ett avtal där de förband sig att inte segla till Sverige under nästan ett helt år, vilket förstås kraftigt störde svensk handel.

BEFÄSTNINGEN

Den egentliga staden var Stadsholmen (nuvarande Gamla Stan), Gråmunkeholmen (nuvarande Riddarholmen) och Helgeandsholmen. Hela Stadsholmen var skyddad av murar och på två sidor utanför dessa av vattnet som dessutom hade ett kraftigt pålskydd nerkört i dyn. Mellan pålarna fanns bjälkar som kunde öppnas och stängas med kättingar och lås. Mot norr fanns, förutom ett befäst torn, en bro över till Helgeandsholmen och därifrån en vindbrygga över till Norrmalm, båda bevakade i orostider (se bild nästa uppslag).

En skrift från 1547 berättar lite om vissa förhållanden i Stockholm som skulle ha gynnat invånarna.[70] Där sägs att krigsdrabbade städer kunde ha hjälp av fruktodlingar och trädgårdsodlingar inom staden. Men i Stockholm hade man istället hjälp av att de jordtäckta taken som avsiktligt hade "beströtts med gräs och örter". Om det var för att vid behov kunna ges som utfordring till djur framgår inte men är väl möjligt. Enligt Olaus Magnus kunde man under belägringstider, när man inte fritt kunde vistas på malmarna, låta smådjur beta på de gräs- och torvbevuxna taken. Dessutom påpekas att "eldkulor" som sköts in över staden inte gjorde någon skada på de jordtäckta taken. Den uppgiften får man väl ta med en nypa salt.

Måns Gren blev nu Kristinas närmaste man. Han hade någon gång under belägringstiden lämnat sin post som hövitsman på Nyköpings slott och givit sig iväg upp till Kristina. Erik Kuse, lagman i Sörmland, fungerade nu som fogde på Stockholms slott. Det finns flera bevarade omdömen om honom, alla positiva. Hemming Gadh beskriver honom som en "snäll[71] karl, som råder mer än tio andra; vad han har gjort är gjort". Han anklagades av Trolle och avrättades i blodbadet. I slottsloven ingick dessutom Bengt Gren, riksrådet Bengt Arendsson (Ulv), Klas Kyle, Mikael Nilsson Krumme, Peder Erlandsson (Båt) och Olof Björnsson (Halvmåne).

Även från Finland fick Kristina stöd. Biskopen av Åbo Arvid Kurck som stött både Svante Nilsson Sture och Sten Sture den yngre stöttade nu också Kristina, liksom Tönne Eriksson Tott, riksråd och hövitsman på Viborgs fästning. För det blev han senare halshuggen på Kristians befallning.

9. Vädersolstavlan (detalj). Kopia från 1630-talet av en äldre målning, beställd av Olaus Petri, som visar ett himlafenomen som visade sig den 20 april 1535. Storkyrkan, Stockholm. Källa: Wikimedia Commons.

Stockholms slott, denna fasta borg vars tjocka murar delvis står än idag, hade aldrig intagits och var med rätt antal soldater tämligen lätt att försvara, vilket Kristian var väl medveten om. På den nästan samtida Vädersolstavlan ser man de breda murarna och de kraftiga tornen. På norrsidan var muren upp till elva meter hög och sju meter tjock, en kraftig skalmur som man inte sköt igenom. Kristian gjorde inte ens några mer kraftfulla försök. Ett visst bombardemang utsattes staden för, men dess kraftiga murar höll. Från stadens sida försökte man, så gott det gick, reparera skador och släcka bränder.

I nuvarande Slussen-området låg Söderport som stundtals bestod av två eller till och med tre torn. Söderport murade man nu helt sonika igen. Ingen skulle komma in den vägen! Stockholm hade också en egen kanon placerad på Gråmunkeholmen och under namnet "Djävlemor" gjorde den sitt bästa för att försura tillvaron för danskarna som hade öppna läger utan skydd av murar och byggnader.

Staden inneslöts av ca sex meter höga murar som hela tiden förstärktes och hölls efter. Muren mot Saltsjön hade förstärkts redan under Sten Sture den äldres tid. Ett tjugotal stadiga torn och kraftigt befästa porttorn tillsammans med det kraftiga pålverket, byggt av dubbla rader pålar i vattnet runtomkring, hade hittills lyckats hålla emot alla anfall utifrån. Staden var, som Olaus Petri säger, "omgiven av djupa vatten och strida strömmar" vilket i sig var ett skydd. Långa träbroar ledde in till staden men uppfällbara vindbryggor kunde stoppa inkräktare. Utanför stadens murar fanns inte samma skydd och där gällde det snarare att försämra möjligheterna för fienden att slå läger under bekväma förhållanden. Därför brändes husen på malmarna ner och man såg till att inga husdjur lämnades som proviant till danskarna. Bara kapell och kloster skonades.

BELÄGRINGEN

Det stora problemet vid belägringar var alltid försörjningen. De belägrande trupperna utanför hade åtskilliga möjligheter att skaffa sig proviant medan de innanför hade små eller inga. Man hade i stort sett det man hade bunkrat före belägringen och det kunde inte räcka i all evighet. Därför blev vanligen belägringar långdragna med hot om svält alltid hägrande i fjärran. Om inte in- eller utbrytningar satte stopp så gjorde svälten det så småningom. På Stockholms slott fanns tre brunnar med färskvatten, något som var en första förutsättning för att klara sig. Området innanför murarna var också tillräckligt stort för att kunna hålla smådjur som höns och smågrisar och fågel i bur och förmodligen hade man också duvslag som gav både ägg och fågelkött. Men det var många män som skulle mättas och även djuren måste få mat. Vid utgrävningar på Stockholms slott har man hittat rester av djurben, men när och hur de kommit dit går inte att avgöra. En återfunnen slaktbåge i köksområdet i nuvarande Museum Tre Kronor talar dock sitt tydliga språk om att också större levande djur funnits i slottet. Säkert hade man också bunkrat torkad fisk, rökt kött och torrvaror av allehanda slag.

En rådman från Rostock, Jakob Parkow, ska dock ha skrivit hem och meddelat att "do wart grot stervent bynnen dem Holm", det vill säga dödligheten inne i Stockholm var stor. Det finns också andra berättelser om att läget var tämligen gott, till exempel från Olaus Petri. Oavsett risken för svält så fanns andra skäl att överväga hur länge man skulle låta sig belägras.

KALMARS FALL

I augusti 1520 föll den starka fästningen Kalmar och staden intogs av kung Kristian. Hövitsman där hade varit riksrådet

Erik Ryning, en av Sturarnas förtrogna. Just i Kalmar och i trakterna däromkring hade flera Sturetrogna män samlats. De hade alla gett sig iväg från Stockholm när snaran började dras åt. Somliga sökte sig hem till sina huvudgårdar, förmodligen i hopp om att kunna försvara dem. Man kan tycka att Kristina hade behövt dem i Stockholm men kanske hade de redan gett upp hoppet om att besegra Kristian. Om man ser till den grupp män som stod fast kring Kristina och Sturarnas sak så blir det tyvärr tydligt att bara de som inte befann sig i Stockholm den sista tiden överlevde, så till exempel Gustav Vasa och Peder Jakobsson. En liten kärna av Sturetrogna stod fast så länge de levde men vissa av dem som överlevde blodbadet fick plikta med sitt liv ganska snart efter blodbadet, som till exempel Ribbingarna och Klas Kyle och Kristinas egen morbror Nils Eskilsson (Banér). Han ledde motståndet i Närke och Västmanland och var inte i Stockholm under själva blodbadet. Det var nära ögat att han verkligen lyckades ta sig dit. När han fick kallelsen av Kristian att inställa sig på Stockholms slott visade det sig att han för tillfället inte hade någon användbar båt. Han vistades då i Viby i Närke och det naturliga färdsättet var med båt över Mälaren. Han skrev då ett brev till biskop Mattias i Strängnäs och frågade om han kunde få låna en båt eller jakt, eftersom tiden var kort. Han föreslog att båten skulle skickas till Arboga dit han i så fall kunde ta sig landvägen.[72] Men eftersom han inte var i Stockholm under blodbadet och alltså klarade sig förstår man att biskopen av någon anledning avböjde att hjälpa till. Nu hjälpte inte det särskilt länge i alla fall. Nils Eskilsson återvände till sitt uppdrag som hövitsman på Raseborgs slott i Finland. Dit kom också Hemming Gadh och båda halshöggs av Kristians män utanför borgens murar. Nils Eskilsson var en trogen Stureanhängare och Kristina gick därmed miste om en man som både var nära släkt och trofast anhängare.

Hur mycket det bristande stödet för Kristina hade att göra med att hon, en kvinna, ledde försvaret av landet är svårt att säga. Säkert hade det betydelse, men som läget var menar jag att det inte var avgörande.

KAPITULATIONEN

Skaran av Sturetrogna män krympte och under slutet av sommaren gick också Kristinas tidigare förtrogne Erik Ryning över till danskarna. Men Kristian II hade inte mycket till övers för män som bytte sida och liksom många andra överlöpare halshöggs Ryning senare under blodbadet.

Säkert stod det klart för alla innanför slottets murar att det var en dålig lösning att köra det hela i botten och bara vänta eftersom ingenting talade för att Kristian skulle ge upp. Däremot blev det tydligt att han måste vänta till efter vintern. Exakt när Kristina började överväga att göra upp med Kristian om ett eventuellt överlämnande vet vi inte. Men jag tror att hon förstod vikten av att ha något att förhandla om. Tiden talade för att göra det före vintern som skulle bli svår för de belägrade, men också kosta Kristian mer i form av att antingen hålla trupper overksamma i Stockholm eller ta besväret att friställa dem. Danskarnas båtar riskerade att frysa fast i hamnar och vikar och för att undvika det måste man ge sig iväg i tid. Även danskarna skulle tjäna på att belägringen upphörde och jag tror att Kristina tänkte att hon kunde utnyttja läget för att uppnå bättre villkor.

FÖRHANDLINGAR

Kristina började planera för ett överlämnande men på så goda villkor som möjligt för henne och trogna Stureanhängare. Det har tvistats om vad som var det huvudsakliga skälet till kapitulationen men kanske var det hela situationen. Det fanns inte mycket motstånd kvar bland rådsadel och prästerskap. Det som återstod var enstaka personers stöd bland adeln, men annars huvudsakligen bönder, bergsmän och Stockholms borgerskap med handelsmän och hantverkare. För att helt befria Sverige och kasta av sig hotet från danskarna hade det inte räckt. Det måste snart ha stått klart för både Kristina och hennes återstående lojala anhängare.

Ytterligare en börda för henne bör ha varit att hon var gravid, kanske höggravid under den här svåra tiden. I Uppsala-Relationen uppges att den lilla barnkroppen när den grävdes upp av Kristians män efter blodbadet var "näppeligen 7 dagar gammalt".[73] Det krävs inte mycket fantasi att sätta sig in hennes situation och se att den måste ha varit rätt så förtvivlad. Hon stod med fem faderlösa barn inför situationen att inte ens få begrava sitt sjätte döda barn och få det lagt i vigd jord. Kanske blev han inte ens döpt. Interdiktet förbjöd både dop och jordfästning i vigd jord, något som för en katolsk mor måste ha varit oerhört tungt. Hon kunde inte heller själv bli kyrktagen 40 dagar efter nedkomsten som seden var. Att stå under kyrkans bann var även för den som inte var troende en stor begränsning i en medeltida människas värld. För Kristina måste det ha varit en stark påfrestning. Hennes väl lästa och tummade bönbok talar för att religionen var en viktig del i hennes liv.

Hon hade haft fem eller sex barnsängar på bara några få år och var kanske inte själv i bästa form. Det sista halvåret med kriget, Sten Stures död och belägringen hade förmodligen tagit på krafterna. Till det kom att så få från hennes egen krets av rådsadel var beredda att följa henne. Hon möttes av ett kompakt motstånd från inte bara danskar utan även inflytelserika svenskar. Vem skulle i det läget inte känna för att hellre ge upp och dra sig tillbaka för att rädda vad som räddas kan av den egna familjen? Det är mycket möjligt att hon också kände ansvaret tungt att vara den som kunde få bannet och interdiktet, som var lagt inte bara på hennes familj utan på alla svenskar, upphävt. Med andra ord tror jag att man bör se på hennes rent privata liv för att förstå den lite plötsliga och hastiga övergången från försvar till kapitulation.

När Kristina väl fattat beslutet såg hon till att allt skedde utan dröjsmål. Det hade enligt min mening inte särskilt mycket att göra med den rent militära situationen under belägringen. Hon överlade med Kristians förhandlare, där också svenskar ingick. Jag uppfattar Kristina som en praktiskt lagd kvinna som, liksom före henne drottning Margareta, gjorde det som i varje läge såg ut att fungera bäst men med bibehållande av sin ursprungsplan. Kristinas plan var troligen att någon av sönerna skulle ta över styret en dag. Men den dagen var ännu inte inne och ibland lönar det sig att avvakta och vänta. En utdragen belägring gynnade sällan någon.

Kristina var mycket mån om att få så goda villkor som möjligt inte bara för sig utan alla andra inblandade. Jag tycker att med de förutsättningar hon hade, gjorde hon det bästa möjliga av situationen. Tyvärr blev resultatet katastrofalt och ofattbart grymt. Men till hennes försvar måste sägas att varken hon eller någon annan kunnat ana vad som skulle ske.

Någon gång under andra hälften av augusti hade förhandlingarna börjat.[74] De fördes till stor del genom Hemming Gadh, en man som kunde lägga sina ord. Han hade varit även Svante Stures förtrogne men nu gått över till Kristian. Nu släpptes han in i staden med brev och meddelanden mellan Kristian och Kristina med bud om krav och eftergifter. Det var inte populärt bland stadens borgare som vid ett tillfälle nära nog slog ihjäl Gadh, allt enligt Olaus Petri. Med i förhandlingarna var också biskop Mattias av Strängnäs. Även Erik Kuse deltog i förhandlingarna.

Ett bevarat brev från Hemming Gadh[75] berättar att Kristians förhandlare Erik Abrahamsson, Johan Arendsson, Erik Ryning och Gadh haft problem med att få igenom kung Kristians önskningar, man pekade på motståndarnas envishet. Det tycks främst ha handlat om villkoren för den kyrkliga amnestin, Kristina krävde bl. a. att amnestibrevet skulle beseglas med både riksklämman och Gustaf Trolles sigill. Ett ytterligare brev från Gadh från samma tid nämner att borgerskapet i Stockholm var missnöjt med kapitulationen, men de kunde uppenbarligen inte hindra den. Den 3 september hölls ett möte på Stockholms slott. På den danska sidan deltog Erik Abrahamsson, Erik Ryning och Johan Arendsson, Preben Podebusk och Tomas Nielsen. Nästa natt satte Erik Kuse villkoren för kapitulation på pränt. Den danske kungen ska ha erbjudits härbärge på slottet men avböjt, troligen på grund av sin allmänna misstänksamhet.

DOKUMENTET OCH VILLKOREN

Den 5 september 1520 träffades man på det som då kallades Valmundsön, på södra Djurgården i området kring nuvarande Valdemarsudde. Dokumentet skrevs under. Kristina krävde och fick igenom många villkor för överlämnandet av Stockholms slott. Fullständig amnesti för henne själv, hennes familj och andra Stureanhängare inklusive alla dem som låg bakom Trolles avsättning och fängslande och annat som drabbat kyrkan, som förstörandet av Stäket och Arnö. Ingen skulle ställas till ansvar. För egen del fick hon löften om att behålla vissa slott och förläningar som Hörningsholm med Mörkö socken i Sörmland, Södra Vedbo under Eksjö i Småland, Askers socken i Närke, Tavastehus slott och län och Kymmene gård i Finland. Hon begärde också att få behålla den ränta från Kopparberget som hon övertagit efter Sten

Stures död. Från slottet i Stockholm ville hon ta med sig inventarier som var hennes arv och egendom och slutligen ville hon att hennes mor Sigrid skulle tillerkännas en egen förläning. Brevet beseglades av kungen, biskop Trolle och andra svenska och danska biskopar.[76]

Dokumentet börjar: "Vi Cristiern, med Guds nåde [...] göre allom veterligt, att vi [...] vänligen och i endräkt förhandlande med den ärliga goda kvinnan, Fru Kirstin, herr Sten Stures efterleverska, och med alla slottlovarna på Stockholms slott, borgmästare, råd och menige man i Stockholms stad [...] så att de samfällt vilja och skola nu nästkommande fredag intaga oss och överantvarda oss ovannämnda slott och stad, Stockholm."[77] Därefter försäkras att alla de brott som tidigare begåtts och nu av Kristina och hennes döde make och deras medhjälpare och anhängare begåtts mot kungen och hans medhjälpare skall vara "en klar avtalad sak". Sedan tillförsäkras Kristina full besittning av allt hon äger och hon och hennes barn utlovas beskydd ("beskydda och beskärma förutnämnda fru Kirstin mot övervåld och all orätt"). Vidare sägs att på Kristinas begäran ett antal personer, bl. a. biskop Arvid av Åbo och Gustav Eriksson (Vasa) skall omfattas av amnestin. I den andra, kortare versionen (ett utkast?) nämns Sigrid: "Vi lova och tillsäga den ärliga goda kvinnan fru Sigrid, fru Christines moder, att vi med det första vilja förse henne med ett kronans län, så att hon skall tacka oss."

Datum för överlämnandet fastställdes till den 7 september klockan 8 på morgonen. Så skedde också.

INTÅGET

Samma dag gjorde Kristian sitt högtidliga intåg i Gamla Stan i Stockholm. Han kom söderifrån från Södermalm och red med sitt följe över den långa träbron där stadens borgmästare överlämnade nycklarna till staden inom tullarna. Han kom inte ensam. Med sig hade han, enligt uppgift, 1000 ryttare och 2000 fotknektar som red i procession till S:t Nicolaikyrkan, det vill säga nuvarande Storkyrkan, för att sedan fortsätta till slottet.

Men han nöjde sig inte med borgens överlämnande utan lyckades denna den första dagen av sin triumf också få de svenska riksråden att gå med på att tillförsäkra honom slottsloven under hela hans livstid och inte nog med det, även under hans lille sons livstid. Om sonen dog skulle den övergå till Kristians hustru, drottning Elisabeth. Det gamla valriket Sverige skulle alltså plötsligt bli ett arvrike under en dansk kung! Inte ens i Danmark hade man arvrike på den här tiden.

Härmed skulle nu striderna mellan danskar och svenskar vara över, allt som skett de sista åren skulle vara förlåtet, bannet vara avlyft från svenskarna och handeln skulle återigen kunna föras ostört. Så stod det skrivet i de två dokumenten som högtidligen beseglats med kung Kristians majestätssigill och den svenska riksklämman jämte 17 svenska och danska riksrådssigill. Efter år av krig och anspänning trodde man sig kunna andas ut. Kanske är det mot den bakgrunden som man ska se den sista eftergiften om Sverige som ett arvrike. Det var som om orken att sätta sig emot tagit slut.

Kungen tog inte in på slottet direkt utan bodde på stan hos den tyskfödde Gorius Holste de första dygnen. Denne blev senare borgmästare i Stockholm. När slottet väl var säkrat av Kristians män överlämnade han det att styras av tre män under hans frånvaro. Ny slottsfogde blev Elof Rantzau från Holstein, danskarna Nils Lykke, Claus Bille och Otto Krumpen. Redan den 15 september lämnade Kristian sedan Stockholm och seglade hem till Köpenhamn.

KRÖNINGEN

Kröningen var först tänkt att gå av stapeln i Uppsala men kungen ändrade sig och den skulle nu ske i Stockholm. Det var nu inte ovanligt att Kristian ändrade sina planer och beslut, det gjorde han ofta. Men med tanke på vad som senare hände kan man inte låta bli att tänka på att Stockholm med sitt helt slutna slott och staden med sina få broar var långt lämpligare än Uppsala med sitt öppna läge. Men kanske var skälet helt enkelt att markera segern över den fasta borg som så länge gäckat kungen.

Söndagen den 4 november 1520 kröntes Kristian i Storkyrkan av den återinsatte ärkebiskopen Gustaf Trolle. Den danske amiralen Sören Norby bar spiran och han och ett antal danskar, bland andra Berend von Melen, dubbades sedan till riddare liksom det danska riksrådet Claus Bille och Otto Krumpen. Inga svenskar dubbades. Troligen deltog inte många svenskar av det enkla skälet att de inte bjudits in.

På det skulle en sedvanlig fest i dagarna tre följa och till den bjöds den uppsvenska adeln in liksom biskopar och andra. Här kan man påminna om den inbjudan som också gick till Gustav Vasas familj. Han – som var misstänksam och hade känt av Kristians svek vid gisslantagandet – ville inte gå på festen som han dessutom blivit varnad för. Förgäves ska han också ha försökt få sin familj att avstå från att gå. Hade han antagit inbjudan skulle mycket av den senare historien ha sett annorlunda ut.

De två första dagarna festades det och man kan lätt föreställa sig att alla var lättade över att striderna äntligen var över och bannet var hävt. Folk gick ut och in på slottet och stämningen, med hjälp av rikligt med införd mat och dryck, var nog god. Men så vid ett-tiden den tredje dagen stängdes plötsligt alla slottsportar. Man kunde fortfarande komma in – men ingen, absolut ingen släpptes ut. Säkert spred sig undran och förvirring. Vad var nu på gång?

ANKLAGELSERNA

Befallning gick ut att alla skulle samlas i rikssalen och här trädde nu Gustaf Trolle fram inför den sittande nykrönte kungen den 7 november 1520. Inför den häpna församlingen framförde Trolle allvarliga anklagelser mot 18 namngivna personer som han nu anklagade för kätteri. Han fortsatte med hätska anklagelser mot dem som avsatt honom, plundrat och rivit Stäket, hans biskopsborg, och Arnö, den gamle biskop Ulfssons borg, och vidare härjat domkyrkan och biskopsgården i Uppsala. Dessutom hade han själv fängslats och misshandlats. Många av anklagelserna handlade om de stora ekonomiska värden som Trolle tyckte sig ha lidit och som han nu ville ha ersättning för. Han uppgav en oerhörd summa på 600 000 lödiga mark silver, men till det kom 100 000 mark för stulen kyrklig egendom.

I klagoskriften[78] finns även namn på män som Trolle såg som uppviglare av allmogen, som till exempel Sven Hök, fogden på Kristinas gård Ulvåsa i Östergötland, och Peder Smed. Dessa båda anklagas för att ha uppviglat allmogen i Östergötland och tillsammans med dem ha deltagit i belägringen av biskop Brasks biskopsgård i Linköping. Däremot tycks de inte ha deltagit i de händelser som klagoskriften egentligen handlade om utan togs så att säga med på köpet, möjligen på inrådan av biskop Brask. Båda avrättades senare under Kristians hemresa när han gjorde ett uppehåll i Vadstena. Som av en händelse passade Brask då på att lägga sig till med Ulvåsa gård med underlydande län.[79]

Enligt Olaus Petri ska kungen ha pressat Trolle att kräva dödsstraff för de anklagade, men denne visade sig mindre intresserad av straffpåföljden än av den ekonomiska ersättningen. Trolle säger sig föra talan även för Jakob Ulfsson och biskop Otto. Enligt Uppsala-relationen (se nedan s. 109 f) ville kungen inte att saken skulle hänskjutas till Rom, vilket tyder på att Trolle föreslog det. Men kungen lovade att hålla Trolle skadeslös.

Stämningen i den stora salen var säkert en blandning av häpnad, bestörtning och oro. Amnesti hade ju högtidligen lämnats för alla inblandade. Gällde den plötsligt inte längre?

Kristinas huvudkrav för att gå med på överlämnandet hade varit amnesti för alla inblandade. Kristian hade genom förhandlingarna förstått att han var tvungen att gå med på kravet och kunde inte backa från den givna amnestin. Men kanske var han redan från början inställd på svek för att få staden utan strid och kunna genomdriva sin kröning på frivillig väg.

För det fanns en väg ut för honom. Amnestin gällde från hans, kungens sida. Men Trolles anklagelser handlade om övergrepp på kyrkliga företrädare, biskopar och deras och kyrkans egendom, vilket låg farligt nära kätteri. En amnesti som beviljats kättare var inte bindande, och en dom om kätteri kunde bara hävas av påven.

Trolles anklagelser, som i första hand gällde Sten Sture men också Kristina, hennes båda bröder Eskil och Erik, hennes mor Sigrid och en rad andra Stureanhängare, ledde nu rättsligt fram till frågan om det förelåg kätteri eller inte. För kätteri fanns bara ett straff, döden. Trolle avvisade bestämt varje tanke på förlikning. Men man hade kunnat undvika åtminstone något av det som skedde genom att redan på det här stadiet hänvisa ärendet till påven. Det var vad man enligt den kanoniska rätten borde ha gjort. Istället bestämdes att man skulle avgöra kätterianklagelsen på ort och ställe och omedelbart. Eftersom en kätteridom bara kunde hävas av påven vore det meningslöst att vädja till kungen, vilket gjorde att han kunde två sina händer.

Det har även diskuterats om blodbadet var planerat eller ögonblickets ingivelse. För att kungen redan i förväg haft planer på ett illdåd av något slag talade bland annat att han redan före festen låtit sätta upp galgar på ett par ställen i staden. Flertalet Sture-anhängare av betydelse var inbjudna. Påpekas bör också att tanken på dom och straff inte kom helt som en blixt från klar himmel. Under våren och sommaren 1520 hade Brask skrivit till både Gustaf Trolle och Kristian och krävt hårda straff, både enligt inhemsk civil lag och kyrklig, för Stureanhängarna för deras aktion mot Trolle och Ulfsson.

För kätterianklagelsen behövdes det en andlig domstol och i all hast skaffade man fram det antal kyrkans män som krävdes. Därigenom klev kungen bokstavligen åt sidan och lät andra hålla i yxan. Det har hävdats att detta skyndsamma agerande inte var Trolles vilja utan kungens.

SAMMANSVÄRJNINGSBREVET

När kätterianklagelsen lagts fram insåg Kristina Gyllenstierna förmodligen att det amnestibrev hon varit så mån om att få från kungen inte längre var mycket värt. Hon lät nu först riksrådet Erik Ryning träda fram inför församling och kung och meddela att ingen enskild person kunde ställas till svars för avsättningen av Trolle och det som sedan följde. Trolle hade dömts av Sveriges samlade ständer. Så tog Kristina till orda och hänvisade till det beslut som år 1517 fattats av rikets råd och ständer, nedtecknats och försetts med sigill av samtliga beslutande, det så kallade sammansvärjningsbrevet.[80] Det finns inte kvar i original men i en avskrift i Sten Stures kopiebok. Av den framgår att utfärdarna är 16 riksråd nämnda vid namn medan övriga är nämnda i klump som rådsmän och borgmästare. Beslutet var fattat av Sveriges riksdag i laga ordning för att skydda landet mot vad som sågs som landsförräderi av Trolle. Där fanns förutom beslutet ett löfte från alla deltagande att enade stå bakom riksföreståndaren mot ärkebiskopen och om så behövdes också mot påven i denna sak.

Uppenbarligen såg Kristina brevet som det bevis som skulle rädda de anklagade från en kätteridom. Ur den synpunkten gjorde hon naturligtvis rätt när hon nu begärde fram dokumentet som, förvarades "i hennes hus i Stockholm" och som hon nu lät sända efter. Men Kristian vände allt upp och ner när han istället betraktade dokumentet som just det bevis han behövde för en fällande dom.

Det har stötts och blötts hur mycket som kom att hänga på detta dokument och om Trolle och/eller Kristian känt till det före den 7 november eller inte. Visste de att beslutet var satt på pränt och dessutom innehöll alla namn på dem som fällde Trolle? Var det dramatiska uppläsandet av anklagelsen bara ett sätt att locka fram detta bevis? Ja, det har spekulerats åt olika håll och meningarna går isär, vilket även gäller vem eller vilka som hjälpte kungen med råd i detta.

Enligt Curt Weibull hade framläggandet av sammansvärjningsbrevet stor betydelse. Det innebar att bevis för kätteri förelåg och förändrade därmed processen från en notoritetsprocess till en accusationsprocess. Dessutom medförde det att kretsen av dömda kunde utsträckas till alla Sten Stures anhängare, något som kungen utnyttjade vid bestraffningen.[81]

Resultatet blev i alla fall att kungen nu satt med hela listan på den grupp som agerat mot Trolle och i förlängningen även kungen.

Själv har jag funderat på vad som menades med "hennes hus i Stockholm". Det är ju möjligt och kanske troligt att Kristina och hennes uppvaktning lämnade slottet direkt i samband med överlämnandet av stadens nycklar till kungen.

Jag har undrat vart hon tog vägen med sina barn. Det närmasta slottet i hennes ägo förefaller mig vara Venngarn strax norr om Sigtuna där hennes mor Sigrid ofta vistades. Det förflöt inte så lång tid mellan överlämnandet och kröningen vars datum hon säkert kände till i förväg. Till Hörningsholm nere på Mörkölandet var det antagligen för långt. Huset som avses var troligen det på Riddarholmen (se ovan s. 22f).

Det måste ha bedömts som viktigt att i god tid få bort alla viktiga dokument från slottet inför övertagandet. Hade man nu haft mer tid på sig att diskutera försvaret inför kätterianklagelserna och fördelar och risker med att visa dokumentet hade det kanske aldrig kommit fram i ljuset. Kungen hade egentligen inte så mycket bevis att stödja sig på och knappast någon helt klar uppfattning om vilka personer som stått bakom det. Med tanke på det blodiga förfarandet som följde de närmaste dagarna hade det kanske inte spelat så stor roll för antalet personer som dog. Men troligen dock för urvalet.

De personer vars sigill hängde under riksdagsbeslutet fick nu frågan om de erkände sina sigill, vilket de ju var tvungna att göra. Under eftermiddagen ska flera personer ha försökt att på olika sätt klara sig ur knipan, och i detta sammanhang har vi berättelsen om biskop Brask och hans brasklapp. Om den är sann eller inte är oklart men eftersom han överlevde är det ju möjligt. Ytterligare ett par biskopar gick fria.

Framåt den sena kvällen föstes de instängda gästerna ihop igen utan möjlighet att ta sig ut. Enligt Olaus Petri fördes vissa till fängelset i kärntornet, det vill säga längst ner i tornet där enda sättet att ta sig in och ut var genom en lucka i taket. Somliga fördes till kapellet och somliga fördes "annorstedz" på slottet.

Den första förvirringen hade nu säkert övergått i förfäran och rädsla. Vem hade kunnat ana detta och vad skulle man göra?

Man kan ju försöka föreställa sig natten som följde. De anklagade fördes åter ihop i några få utrymmen på slottet under stark bevakning och utan all möjlighet att kommunicera med omvärlden. Förvirring, skräck och panik måste ha rått. I denna stora grupp av biskopar, präster, adel och borgare fanns också kvinnor, däribland Kristina, hennes mor och halvsyster Cecilia, Gustav Vasas mor. Om deras barn redan nu hämtades och fördes dit är oklart. Ovissheten om vad som skulle hända och när var total, även om alla hade klart för sig vad en kätteridom betydde. För det fanns bara döden.

SENTENTIAN

En kätteridom kunde bara avkunnas av en andlig församling och i all hast sammankallades en sådan bestående av 14 präster av olika rang. Märkligt nog ingick Gustaf Trolle i gruppen. Han skulle alltså vara både åklagare och domare. Vidare ingick tre biskopar (Otto Svinhufvud av Västerås, Hans Brask av Linköping och Jens Andersen av Odense), en domprost, två ärkedjäknar, en dekan, två doktorer, en munk och tre kaniker.

Curt Weibull hävdar att det i kanonisk rätt inte finns några bestämmelser om kätteri begånget av riksråd och fullmäktige för ett helt land.[82] Vidare ser vi att bland dem som satt sina sigill under brevet fanns fyra biskopar och en electus. Ett sådant mål kunde bara avgöras av påven och alltså inte i Sverige. Kätterianklagelsen borde överhuvudtaget inte ha behandlats här. Den domstol som sammankallades den 8 november var enligt Weibull extraordinarie, det vill säga vilade inte på kanonisk rätt.

Om denna hastigt sammankallade församling från det andliga ståndet nu verkligen hade mandat att avkunna en kätteridom eller inte har man haft olika åsikter om. Alltefter vilken åsikt man förfäktat resulterade domen då i en kanoniskt riktig dom eller inte. Anmärkningsvärt är också att inte bara Trolle utan också biskoparna Brask och Otto ingick i gruppen, trots att båda hängt sina sigill under brevet. Det blev på många sätt en egendomlig blandning av de båda olika rättsformerna, civil rätt och kanonisk rätt. Trolle yrkade på "uppenbart kätteri" i sin klagoskrift. Uppenbart kätteri behövde inte motiveras enligt den kanoniska rätten. Men Trolle motiverade rätt så utförligt vad han menade precis som man skulle gjort i en civilrättslig rättegång.

Domstolen, som sammanträdde redan nästa dag, kom fram till att det förelåg uppenbart kätteri.[83] Domen grundade sig, enligt Curt Weibull, på att de anklagade i flera år varit bannlysta och inte låtit sig rätta, vilket klart framgick av sammansvärjningsbrevet.[84] Däremot avkunnade man inte någon påföljd. Kristian var angelägen om att få ett snabbt avslut. Kanske förstod han att det skulle bli problem med att få påven att se det självklara i att döma Sveriges rikes råd och ledande adel för ett beslut fattat i laga ordning på ett riksmöte.

Av sammansvärjningsbrevet framgår att utfärdarna är 16 riksråd nämnda vid namn medan övriga är nämnda i klump som rådsmän och borgmästare. Weibull påpekar att bara två av de svenska biskoparna saknas bland utfärdarna. Kanske var de helt enkelt inte närvarande. Men bara två av riksråden anklagades av Trolle och blev avrättade. Detta anser jag talar emot att sammansvärjningsbrevets uppvisande var det enda som möjliggjorde och direkt orsakade blodbadet.

Varför var det så bråttom med att ordna en kätteridomstol? Kanske ville Kristian särskilt undvika att de 16 riksråden, väl förfarna i världslig och kanonisk rätt, skulle hinna utveckla

Försvar och kapitulation

alla sina argument och försvara sig. Genom att lämna över till en andlig domstol kunde han själv ta ett kliv bakåt och betrakta det hela lite från sidan. Enligt kanonisk rätt kunde han inte själv ompröva beslutet, vilket säkert passade honom bra. Saken fick nu ha sin gång.

Att Kristina och hennes mor Sigrid Banér utpekas och anklagas för kätteri är enligt Lauritz Weibull kanoniskt riktigt.[85] Detta trots att de inte intagit någon politisk position så länge Sten Sture levde.

Somliga menar att skulden till vad som sedan hände till viss del var Kristinas eftersom hon lämnade ut namnen. Men jag vill peka på att avsättningen av Trolle och nedrivningen av Stäket skedde 1517 och alltså var ett sedan länge känt faktum. Det hade, som alla visste, föregåtts av ett möte mellan Sten Sture och riksråden där alla biskopar utom två också närvarade. Att det uppvisade dokumentet plötsligt skulle få en avgörande betydelse några år senare är enligt min mening osannolikt. Ett antal personer har i brevet med sina sigill godkänt beslutet att avsätta Trolle, men det var faktiskt bara ett fåtal av dessa personer som avrättades som kättare vid blodbadet. Visst är att Kristian och Trolle utnyttjade brevets betydelse som bevis. Men i sak var själva händelseförloppet ingen nyhet. Om man lägger sammansvärjningsbrevets namn bredvid listan på de avrättade blir det tydligt att det inte främst var personerna bakom sammansvärjningsbrevet som Kristian ville åt. När det kom så långt som till avrättningarna var det inte längre Trolle som bestämde. De som avrättades var medlemmar av familjerna Sture och Gyllenstierna och deras tjänare, Sture-anhängare och borgare och hantverkare i Stockholm stad. Av de fyra biskopar som satt sina sigill under sammansvärjningsbrevet avrättades bara två. Urvalet visar att offren var släkt med eller stått nära Sten Sture den yngre och att det handlade om att förekomma en kommande opposition från Stureanhängare. Erik Knutsson Ros, halvbror till Sten Sture och uppvuxen tillsammans med honom, avrättades liksom Kristinas båda bröder Eskil och Erik Gyllenstierna.

BLODBADET

På morgonen nästa dag lät Kristian sina män blåsa i trumpet och förkunna att ingen fick lämna sitt hus i staden förrän det blåstes en andra gång. Vid middagstid den 8 november blåstes det en andra gång och folk uppmanades att komma till Stortorget utanför Stockholms slotts murar där kungens knektar bildade en spetsgård, vilket innebar att de ställde upp sig runt avrättningsplatsen. Och nu började avrättningarna. Ingen ytterligare tid gavs att försvara eller förklara och vad värre var för katoliker, inte ens till att bikta sig en sista gång eller få sakramenten utdelade av en präst. Men det visste man inte när de första två fördes ut. Avrättningarna utfördes i rangordning. De två första att kallas var biskoparna Mattias av Strängnäs och Vincent av Skara. Där framför stadens rådstuga hade ett flertal galgar satts upp och där väntade Kristians bödel Jürgen Homuth. Kungen själv syntes inte till. Däremot fanns Didrik Slagheck på plats. Det finns olika berättelser både från dansk och svensk sida om ord som fällts dels av de anklagade, dels av andra närvarande. Det mesta eller allt tycks dock vara senare tillägg till historien.

Biskopar och adelsmän halshöggs med svärd medan borgare och övriga hängdes eller avrättades med yxa. Det förekom också lemlästning av grymmaste slag. Kropparna, som lades i tre olika högar för kyrkans män, rådsherrar och borgare, fick sedan ligga kvar i flera dagar på torget. Efter de båda biskoparna avrättades riksråd och riddare, bland andra Gustav Vasas far, Erik Johansson (Vasa), och som nämnt ovan

Försvar och kapitulation

10. Stockholms medeltida rådhus (byggnaden t.h.), avbildat strax innan det revs 1768. Huset vetter mot platsen för blodbadet. Teckningen som finns på Kungliga biblioteket är gjord av arkitekten Erik Palmstedt som ritade Stockholms börshus.

11. Stockholms blodbad den 8 november 1520. Bilden prydde omslaget till en historisk skrift 1868. Källa: Stockholmskällan.

Kristinas båda bröder. Redan den första dagen avrättades också Måns Gren som i det längsta stått vid Kristinas sida. Erik Abrahamsson Leijonhufvud som stött Kristian efter Sten Stures död stod inte med i kätteridomen eftersom han inte varit med och avsatt Gustaf Trolle, men han avrättades ändå. Tacksamhet var inte Kristians starka sida.

Efter adelsmännen följde stadens styresmän det vill säga borgmästare och rådmän. Vad som sedan följde kan se märkligt ut. Man kan ju undra varför vanliga borgare släpades ut ur sina hem och hängdes men det var antagligen en följd av Kristians planer för Stockholm. En del blev enligt flera berättelser förda åt sidan och räddade av Sören Norby,[86] som tog avstånd från avrättningarna.

Det har diskuterats fram och tillbaka vem som huvudsakligen stod bakom avrättningarna, kungen, Trolle eller Didrik Slagheck, men huvudansvaret låg naturligtvis på kungen. Han kunde ha stoppat blodbadet men gjorde det inte.

Olaus Petri, som ska ha bevittnat avrättningarna, skriver ca tjugo år senare:

> Och bleffuo the dödhe kroppanar liggiandes på torget ifrå Torsdaghen in til Lögerdaghen [lördagen], Och war thet een ynkeligh och jemmerligh syn, huru blodhin med watn och treek, som så åårs wara pläghar, lopp i rennestenanar, nedh aff torghet.[87]
>
> Ja, det var ett gräsligt och obarmhärtigt mord [...] Så lät då konungen upptända en stor eld om lördagen på Södermalm och lät så släpa de döda kropparna ditut och bränna dem upp, lät så uppgräva herr Stens döda lekamen, som mer än ett halvt år hade legat i jorden, med ett spätt barn och lät dem och med de andra uppbrännas.[88]

Han påpekar också det skändliga och ovanliga förfarandet att de olyckliga inför döden inte fick träffa en präst och motta sista smörjelsen, något som annars även "tiuffar" och "röffuare" fick för att "tå kroppen warder förderffuat, må doch sielen behållen warda" (då deras kroppar blev fördärvade ändå själen skulle behållas). Men Olaus Petri konstaterar sedan att kung Kristian "var inte så till sinnes, utan han ville fördärva både kropp och själ". Dock var bränning på bål ett vanligt straff för kätteri. Han berättar sedan om hur åtskilliga personer ryckes från hus och arbete och avrättades. Så till exempel Lambrekt Bårdskärare som stod och rakade någon och Lasse Hass som vid åsynen av dem som avrättades blev så tagen att han grät. Båda männen blev medslitna och "avhuggna".

Dagen efter fortsatte dödandet och nu kom turen till tjänstefolk. Även Sten Stures och Kristinas egna tjänare avrättades och det genom det osedvanligt grymma sättet kvartering.[89] Denna obegripliga och till synes onödiga grymhet har inte någon annan förklaring än deras koppling till paret Sture och deras anhängare. När man betraktar listan över de avrättade framstår det tydligt att inte alla hörde till adel och högadel. Många hörde till Stockholms stads styresmän och andra var borgare, hantverkare och tjänstefolk. Det mest gemensamma för dem var att de var invånare i Stockholm. Det är nog ingen tvekan om att Kristian beredde plats för eget folk i Stockholm.

När allt var avklarat blev kropparna liggande ett par dagar i ett regnigt novemberväder. Det tycks som om att ordern massavrättning inte följts av någon order om vad man skulle göra sedan. Men kanske var det också som en allmän varning till de Stockholmsborgare som överlevt. Ingen vågade hämta anhörigas kroppar för begravning då det rådde osäkerhet om bannet var hävt nu eller inte. Men någonting måste göras och den 10 november kom befallningen från kungen att kropparna skulle föras till Södermalm och brännas. Uppe på galgbacken, vid den plats där Katarina kyrka nu ligger, tändes stora bål och utan vidare ceremonier kastades kropparna upp på bålet. Sten Sture och den lille nyfödde sonen, som båda avlidit under interdiktet, hade blivit begravda hos gråbröderna, alldeles norr om Riddarholmskyrkan, förmodligen i smyg. Normalt var platsen norr om kyrkan avsedd för självspillingar och brottslingar men man hade antagligen inte haft något val under rådande omständigheter. Nu blev det ändå nära, eller till och med i, vigd jord. Platsen låg dessutom nära släktens hus på Riddarholmen. Men begravningsplatsen hade blivit känd och Kristian lät gräva upp båda kropparna och de kastades på bålet.

Olaus Petri namnger personer som avrättades men ger inte något totalt antal. Bödeln Jürgen Homuth ansåg att han huggit huvudet av minst 82 män och han borde ju veta. Olaus Magnus anger siffran 94 totalt. Siffrorna av avrättade är osäker eftersom avrättningarna pågick i två dagar och då under flera timmar i snabb följd. Olaus Petri skriver att "galgen var ofta full och sällan tom". Han beskriver hur kropparna lades i högar, de andliga för sig, rådsherrarna och borgarna för sig. Det är inte säkert att någon följde allt hela tiden. Långt ifrån alla stod med på det dokument som Kristina överlämnat och Olaus Petri kan ha missat några namn. Troligen visste han inte ens alla namn på tjänare och borgare från staden.

Kristian själv var inte där. Förmodligen förstod han att det skulle bli problem att förklara och framförallt försvara blodbadet. Därför lät han i efterhand skriva två brev, ett till påven Leo X där han fabulerade ihop en historia om ett attentat riktat mot honom själv, där man skulle ha försökt spränga honom i luften. Förmodligen tänkte han att påven där nere i Rom inte var så insatt i vad som försiggick uppe i Norden. Det andra brevet riktade sig till svenska män i Västergötland och där dämpade han historien något till att handla om att han just räddat Sverige från bannlysningen.

Händelserna i Stockholm nådde inte bara påven. Snart blev det känt nere i övriga Europa. Man förfasade sig särskilt över den uteblivna bikten och sista smörjelsen och att kropparna brändes. Det gick ju inte heller i efterhand att särskilja kropparna för att ge dem en individuell begravning trots att bannet då var upphävt.

Det är knappast troligt att Kristina och de övriga fångna kvinnorna bevittnade något av det hela, men säkert fick de kunskap direkt om vad som skedde. Under de här första timmarna och dagarna var deras eget öde ovisst. Det finns en berättelse som i två olika versioner handlar om att Kristian ska ha ställt frågan om önskat dödssätt. I den ena versionen ställde han den till Kristina. Ville hon hängas, dränkas eller begravas levande? Hon föll då avsvimmad till golvet. Om det var en äkta svimning eller hennes sätt att på ett kvinnligt sätt försöka lösa ett problem kan man ju fundera över. Hursomhelst ska kungen då ha backat från dödsdomen i hennes fall. I den andra versionen ställdes frågan till Kristinas mor Sigrid. Där ska det gått så långt att hon syddes in i en säck för att slängas i havet, men också hon benådades. Hur det var med de båda berättelserna och när de uppstod vet vi inte. Men de spädde förstås på bilden av Kristian som den onde tyrannen.

KRISTIANS PLANER FÖR STOCKHOLM

Massavrättningen hade två syften, dels att få bort så många som möjligt av Stureanhängarna, dels dem ur eliten och det styrande skiktet som inte var unionsvänliga. Man kan säga att han högg huvudet av vad som med största sannolikhet hade utgjort oppositionen om de fått leva.

12. Kristina Gyllenstierna faller avsvimmad ner inför Kristian II. Teckning av Carl Gustaf Hellqvist. Källa: Wolke 2006.

Men Kristian hade också ett ekonomiskt syfte. Han hade planer på ett slags handelskompani liknande Hansans men med Köpenhamn som huvudsäte och Stockholm som bas för Sverige. Där ville han ha handelsmän lojala mot honom personligen och mot Danmark. Stockholms borgare däremot hade envist och till sista stund bekämpat honom och nu passade han på att också göra sig av med dem. Därför såg han till att plundra deras hem grundligt.[90] Enligt Wolke[91] plundrades också flera adelsfamiljers hus på pengar, guld och silver och vad som fanns av värde. Enligt kanonisk rätt tillföll avrättade kättares egendom kungen, om de var lekmän. Dessutom beslagtog man värdesaker som deponerats i Svartbrödraklostret i Gamla Stan. Deras kloster hade använts som förvaringsställe redan långt tidigare. Där hade till exempel Karl Knutsson deponerat de båda guldkronorna som en gång tillhört Erik av Pommern och drottning Filippa.

EFTERSPELET

Vad som sedan hände är både makabert och absurt. Den 10 november, alltså bara ett par dagar efter blodbadet, födde Kristians gemål Elisabeth ett flickebarn och det skulle firas. Kungen bjöd in stockholmare som överlevt blodbadet till fest på rådhuset som låg just vid Stortorget, platsen för blodbadet. Det är svårt att tänka sig något annat skäl för att gå till festen än ren och skär skräck för vad som skulle hända om man vägrade. Det blev den ultimata förnedringen av svenskarna att de inte ens fick sörja sina döda i fred utan tvingades att på befallning klä upp sig och festa.

I december gav sig Kristian sedan hem mot Danmark men inte sjövägen som han brukade, utan landvägen. Det blev en Eriksgata av aldrig skådat slag. Här fortsatte dödandet av sådana som han bedömde som Stureanhängare eller möjliga sådana. Det tycks som om avrättningarna ägde rum varje gång han rastade, till och med när rastplatsen var ett kloster. I Nydala kloster lät han dränka abboten och fem munkar. I Jönköping lät han avrätta bröderna Lindorm och Peder Ribbing och det sägs att han till och med lät Lindorm Ribbings två små söner på sex och åtta år avrättas genom halshuggning.

RELATIONEN 1523

I juni 1523 gav Gustav Vasa tre präster vid Uppsala domkapitel i uppdrag att skriva ner en redogörelse över händelserna vid blodbadet. De tre var domprosten Jöran Turesson (Tre Rosor) som senare blev Kristinas svåger, skolastikern och teologie doktorn Peder Galle och kantorn och tidigare rektorn vid Sienas universitet Erik Geting. De hade alla varit med om att utfärda sententian och kan sägas till stor del ha talat i egen sak. De hade alla tidigare stött Trolle och intressant nog nämns hans kätterianklagelse inte i redogörelsen. Man nämner inte heller att Kristina skall ha tagit fram sammansvärjningsbrevet.

En del av Relationen är i form av ett koncept, bevarat i original.[92] Den andra delen är lite yngre och bara bevarad i en avskrift.[93]

Emil Hildebrand, som 1918 noggrant gick igenom avskriften, bedömde den som dålig, bitvis meningslös och gjord av en usel avskrivare.[94] Några år senare hittade han en samtida avskrift som var bättre trots många egendomligheter. Han betecknar stavningen som sällsam och det vill inte säga lite när det gäller medeltida brev. Hildebrand har med hjälp av de båda avskrifterna gjort en ny där han också supplerat uteblivna ord.

I den relativt långa skrivelsen nämns att "några brev" togs fram och lästes. Men de tre prästerna skriver själva att de inte så noga lyssnade på "varje punkt". Breven måste syfta på sammansvärjningsbrevet och eventuellt också på 1517 års klagoskrift till påven. Sammanfattningsvis kan sägas att Uppsala-Relationen i sitt nuvarande ofullständiga skick och med tanke på de tre prästernas roll i förspelet till blodbadet inte ger en särdeles tillförlitlig bild. Men liksom Olaus Petri var de alla närvarande och om man är medveten om partiskheten är den trots allt en rapport från skådeplatsen.

SENARE ÖDEN

Gustaf Trolle återfick sin ställning som Sveriges ärkebiskop efter kapitulationen den 7 september 1520, men Gustav Vasa avvisade honom som landsförrädare och redan 1521 tvingades han fly till Danmark. Han fortsatte att stödja Kristians sak och blev 1534 biskop i Odense. Året därefter deltog han i slaget vid Öxnebjerg där han sårades och dog i en ålder av 47 år.

Försvar och kapitulation

Efter blodbadet hade två stift så att säga blivit lediga efter de halshuggna biskoparna Mattias och Vincent, och nu utsågs i deras ställe Didrik Slagheck för Skara stift och Jens Andersen Beldenak för Strängnäs stift. De ingick som biskopar i den nya regeringen. Men ganska snart blev de ovänner och tillsammans med Trolle begav de sig året därpå till kung Kristian i Köpenhamn och anklagade varandra för diverse oegentligheter.

Didrik Slagheck, en klerk från Westfalen som var i Kristians tjänst, hade en tid också varit medhjälpare till avlatskrämaren Arcimboldus. Han spelade en framträdande och högst aktiv roll under blodbadet. Hur mycket av ansvaret som vilade på honom är svårt att säga. Kanske handlade han helt på order från kungen – kanske överträdde han kraftigt Kristians befallning. Klart är att Kristian inte stoppade honom, och att kungen skulle varit ovetande om allt dödande är uteslutet. Med tanke på Kristians senare framfart med fortsatta avrättningar av Sturetrogna svenskar tror jag att Slagheck gjorde precis det han skulle, dödade så många som möjligt som stod i vägen för Kristian.

Det tycks som om Kristian använde honom som han ofta gjorde med personer som han såg som skrupelfria. Han utnyttjade honom för de blodiga affärer han inte ville stå för själv, för att sedan kunna lägga skulden på honom. Att halshugga biskopar var inget man gjorde helt oförmärkt och nyheten om det nådde snart påven. Kristian lät Slagheck bli syndabock och 1522 brändes han levande på bål på Gammeltorv i Köpenhamn. Därmed hade Kristian avhänt sig ansvaret både för kätteridomen, som ju inte avfattats av honom, och för blodbadet, där han inte personligen deltog.

Jens Beldenak hade som ung studerat i Köln och Rom. Efter hemkomsten fick han tjänst i det kungliga kansliet och senare blev han utnämnd till biskop över Fyns stift. Efter blodbadet blev han en av de fyra som Kristian lämnade kvar i Sverige för att styra landet. Men han kunde inte samarbeta med Slagheck och återvände till Danmark där han sedan på grund av diverse olämpliga uttalanden om kung Fredrik fängslades.

Sören Norby blev hövitsman på Kalmar och Gotland och på Stockholms slott härskade nu en bror till Didrik Slagheck, Henrik Slagheck.

Fånge i Danmark

FÅNGENSKAPEN

Kristina och de andra tillfångatagna kvinnorna hölls fångna flera månader på Stockholms slott. Det uppges ibland att de hölls i kärntornets fängelse, vilket jag betvivlar. Med tanke på deras ställning tror jag Kristian drog sig för att slänga ihop dem med vanliga förbrytare nere i tornets fönsterlösa bottenvåning. Han kunde ha avrättat dem också men skonade dem. Jag skulle tro att han tänkte att de kunde göra mer nytta för honom som levande och då måste de förstås vara i någorlunda skick. Han gjorde också minst ett utpressningsförsök med dem som en sorts gisslan.

Om alla kvinnornas barn befann sig på slottet redan vid blodbadet eller hämtats dit i efterhand är oklart. Men tillsammans med Kristina var i alla fall efter ett tag hennes son Svante och döttrarna Magdalena och Anna. Det går inte att fastställa när äldste sonen Nils, som sänts till Danzig med Peder Jakobsson (Sunnanväder), kom tillbaka till Sverige. Enligt vissa uppgifter kom han till Kristina medan hon var kvar i Stockholm och enligt andra först när hon kommit till Köpenhamn.

Kristian försökte utnyttja kvinnornas belägenhet för att få bort hotet från Gustav Vasa, som lyckats fly från Danmark och befann sig i Tyskland där han fick stöd av Lübeck. Han förmådde Kristina och Gustavs mor Cecilia att skriva brev till Gustav för att få honom att avstå från ett befarat uppror mot Kristian. Det var förstås ren utpressning men Gustav Vasa var inte en man som föll för det greppet. Trots att det gällde hans egen mor och kusin avvisade han kravet. På sommaren 1521 sändes några av kvinnorna till Danmark, däribland Kristinas mor Sigrid Banér. Med sig fick hon Kristinas fyraårige son Svante och eventuellt också Nils, åtta år gammal. Vid det laget hade troligen Kristinas dotter Anna redan dött i fångenskap i Stockholm, medan Magdalena följde med till Köpenhamn.

I september var det så Kristinas tur att skickas till Danmark. Färden ska ha gått med det danska fartyget "Store Gripen" och befälhavaren var amiralen Sören Norby.

Tillsammans med Kristina var också en handfull andra kvinnor och i många fall deras barn. Jag har försökt få en bild av hur många barn de svenska kvinnorna hade med sig i fångenskapen. Uppgifterna varierar och är osäkra men jag har kommit fram till att kan ha rört sig om 23 barn. Många överlevde inte fångenskapen utan dog av pesten som härjade år 1522. De döda begravdes på Sankt Nicolaikyrkogården i Köpenhamn.[95]

Med hjälp av de uppgifter jag har kunnat hitta har jag gjort en sammanställning över dessa kvinnor och deras barn. Tyvärr kan den vara ofullständig och felaktig i något fall men de flesta uppgifter går att verifiera på flera sätt. Det här är vad jag funnit:

Kristina Gyllenstiernas tre barn NILS, SVANTE och MAGDALENA. Bara sönerna överlevde, den femåriga Magdalena uppges ha dött i pesten.

Gustav Vasas syster MARGARETA ERIKSDOTTER (Vasa), dotter till Erik Johansson (Vasa) och Cecilia Månsdotter

(Eka). Hennes man Joakim Brahe, som hon gifte sig med 1516, avrättades i Stockholms blodbad liksom hennes far. Hennes båda barn BRITA och PER BRAHE var med henne i Danmark.

CECILIA MÅNSDOTTER (Eka), mor till Gustav, halvsyster till Kristina och änka efter riksrådet Erik Johansson (Vasa) som avrättades under blodbadet, samt hennes döttrar MARGARETA, EMERENTIA och MÄRTA som alla dog i Blå Tornet.

Bland de fångna fanns också ANNA OLOFSDOTTER STENBOCK, gift med ståthållaren och riddaren Nils Knutsson Ribbing, som överlevde blodbadet. Hon stannade i fångenskap i Danmark till 1524 och återvände med Kristina.

Riksrådet och riddaren Trotte Månsson (Eka), som var halvbror till Kristina Gyllenstierna, hade avlidit redan år 1512. Han hade stött Sturarna. Hans änka MÄRTA BENGTSDOTTER (Ulv) var omgift med riddaren och hövitsmannen Åke Göransson (Tott) som avrättades på Tavastehus i Finland i samband med blodbadet. Märta och hennes små döttrar BENGTA och ANNA och sonen GÖRAN följde med Kristina i fångenskapen. Märta och alla barnen överlevde och återvände till Sverige, troligen samtidigt med Kristina.

Även Kristinas svägerska BIRGITTA JÖNSDOTTER ROOS AF ERVALLA, änka efter riddaren Erik Nilsson Gyllenstierna, avrättad i Stockholms blodbad, följde med till Danmark. Birgitta överlevde och gifte efter hemkomsten om sig med riddaren och riksrådet Måns Bryntesson, en av männen bakom Västgötaupproret. Hennes val av äkta make blev lika olyckligt den här gången. Han avrättades 1529 av kung Gustav. Birgitta hade inga barn i första äktenskapet.

BRITA BENGTSDOTTER (Lillie), änka efter riksrådet och lagmannen i Närke Bengt Gylta som enligt danska källor avrättades i blodbadet. Han hade undertecknat beslutet om

Stäkets rivning. Paret hade sex barn, varav alla eller några kan ha medföljt Brita i fångenskapen. Alla barnen, BENGT, ANNA, JÖNS, GÖRAN, KATARINA och INGEBORG överlevde.

ANNA BENGTSDOTTER (Lillie) gift med Erik Ryning, medföljde också, troligen barnlös.

Herr Åke Johanssons "enkefru" med tre döttrar CHRISTINA, BEATA och ANNA.[96]

Den första tiden tillbringade de fångna kvinnorna och barnen i Blåtårn i Köpenhamn, ett fångtorn i anslutning till nuvarande Christiansborgs slott. Tornet finns inte längre.

Någon gång efter detta förflyttades resten av gruppen till Kalundborgs slott för att fängslas där. Vissa uppgifter talar för att detta skett på drottning Elisabeths inrådan för att fångarna skulle komma ifrån de osunda förhållandena i Köpenhamn. Drottningen ska enligt uppgift också i smyg låtit sin egen biktfader begrava de döda svenskarna, något som Kristian fått reda på och blivit mäkta upprörd över. Han avskedade då biktfadern.[97] Hon ska också ha gett dem frukt m.m. och försökt lindra deras belägenhet. Drottning Elisabeth blev känd för sin mildhet och sitt goda hjärta i bjärt kontrast till maken.

KALUNDBORG

Det finns uppgifter om att Kristinas båda söner Nils och Svante efter en tid tagits ifrån sin mor och satts i en sorts husarrest hos en adlig familj i Kalundborg stad. Också detta ska ha berott på välvilja från drottningen för att ge barnen lite större rörelsefrihet. Eventuellt gällde rörelsefriheten någon gång också Kristina. Sören Norby ska ha visat intresse för henne och eventuellt hjälpt henne under hennes vistelse i Kalundborg. Med tanke på vad som senare hände var det kanske inte helt osjälviskt. Han kan ha haft en plan. Om han delade

13. Kalundborg på Själland, Danmark.

den med henne eller inte är fortfarande ovisst. Dessa uppgifter har jag inte kunnat belägga men mycket tyder på att de haft viss kontakt innan hon frigavs och återvände till Sverige. Efter återkomsten finns ingenting som tyder på fortsatt kontakt.

NILS STURE OCH PEDER JAKOBSSON

Vad hade då hänt med Nils innan han kom med till fångenskapen? Efter det misslyckade försöket att få hjälp i Danzig återvände inte Peder Jakobsson direkt till Sverige. Enligt C.F. Allen kom han inte tillbaka förrän efter att Kristian II hade lämnat Danmark.[98] Det är okänt var han uppehöll sig fram till dess, liksom vad som under den närmaste tiden hände med den lille Nils. Men man kan ju undra hur en liten pojke upplevde det att bli sänd utomlands under dessa förhållanden och på obestämd tid. Troligen fick han dessutom höra oroande nyheter hemifrån om belägringen av Stockholm. Kanske matades han dessutom med idéer och uppmaningar att en gång axla sin fars mantel, göra uppror mot danskarna och återinföra en Sture i Sverige. Det skulle ju faktiskt vara Peder Jakobssons bästa chans att på sikt säkra sin egen tillvaro och sitt inflytande. Som det var låg han illa till där han var och kunde för tillfället inte återvända hem.

Det finns bara vaga uppgifter om vad som hände med Nils. Gottfrid Carlsson anser att han sändes hem till Sverige före överenskommelsen i september 1520 om kapitulationen. Hur det hela gick till vet vi inte men tänkbart är att Kristina ansåg att hon kunde ta hem Nils utan fara. Det är också tänkbart att Kristian krävde det. Hur långt gångna hans planer för familjen Sture var vid det laget vet vi inte men nog kan man tänka att han gärna ville ha Sturefamiljens arvtagare under uppsikt på närmare håll. Det finns en uppgift av Danzigs rådssekreterare, Ambrosius Storm, att Kristinas båda söner Nils och Svante anlände till Köpenhamn i juli 1521. Storm, som vid den här tiden befann sig i Köpenhamn, skriver i en rapport hem till Danzig att pojkarna fördes från Stockholm till Köpenhamn på kungens skepp tillsammans med "her Steyns moder, der kinder groetmoder".[99] Peder Jakobsson nämner också själv händelsen i ett brev[100] där han långt efteråt, år 1524, skriver att han falskeligen blivit anklagad för att "emoth myn ffrwes wilie sendhe hennes szoon iwncker nielss hiit j landet j konung Cristierns hender" (emot min frus vilja sände hennes son junker Nils hit i landet i kung Kristians händer). Full klarhet i varför Nils fick återvända till Sverige och vem som beordrade det och när får vi kanske aldrig, men eftersom han tycks ha kommit ner till Danmark i sällskap med Svante och mormodern Sigrid Banér så får man anta att han först kom tillbaka till Sverige. Det bör i så fall ha varit någon gång i början av juni 1520 eftersom Kristians styrkor tillsammans med Trolles sedan omringade staden från alla håll och gjorde staden i stort sett isolerad.

Peder Jakobsson själv fick snart egna bekymmer att tänka på. Någon eller några, antagligen Gustaf Trolle eller Kristian själv, hade förmått påven att lägga ett bann också över Peder som Sten Stures medhjälpare.

I det slutgiltiga amnestibrevet från den 5 september 1520 är Peder inte upptagen trots att Kristina särskilt försökt få med hans namn, men som utvecklingen blev med kätteridomen hade det inte gjort något större skillnad. Han beskylldes till och med för stöld av egendom som tillhört Uppsala domkyrka. Det var så illa att varje plats där han uppehöll sig skulle beläggas med interdikt.[101] I det läget hade han nog inget annat val än att gå under jorden, möjligen i ett kloster. Som Sten Stures kansler hade han tillhört den inre kretsen kring den förre riksföreståndaren och kunde nu anses höra till Kristinas inre krets. En högst osäker position var han än befann sig.

Redan i september år 1520 skickade kung Kristian ett brev till Danzig där han i kärva ordalag avråder staden från att låta Peder Jakobsson arbeta mot hans intressen. Åtskilliga månader senare svarar man i underdåniga ordalag ifrån Danzig att – nej då, man har inte och kommer inte att stödja Kristians fiender. För övrigt var Peder Jakobsson inte kvar, säger man. Det kan ju ha varit sant eller också hade han lyckats gömma sig. Jag undrar var. Om Sverige, Danmark, Danzig och de tyska hansestäderna var farlig mark, vart kunde Peder då hade tagit vägen? Vi lär nog tyvärr inte få veta det. Sjödin gissar på trakten kring Danzig.[102] Själv tänker jag bland annat på Holland, som ofta blev en fristad för dem som tillfälligt behövde ny mark under fötterna. Dit begav sig till exempel Kristian själv när marken brände under hans fötter. Men i första hand tänker jag på Rostock, en stad cirka 40 mil väster om Danzig. Peder Jakobsson återvänder inte till Sverige förrän i februari 1522 då Gustav Vasa redan satt relativt säker. Han utnämndes då till dekan i Västerås och fick genast uppgifter under Gustav Vasa.

KRISTIAN II

Paul J. Reiter, överläkare vid Köpenhamns stadssjukhus psykiatriska avdelning, gav år 1948 ut en monografi om Kristian II. Han går där igenom hela hans liv, uppväxt, arv och miljö, kungaåren, sorgen över den älskade Dyvekes död, blodbadet och de senare åren i fångenskap och försöker komma fram till en slutsats om Kristians själsliga konstitution. Även om jag inte kan bedöma tillförlitligheten i hans slutsatser, tycker jag att det är en intressant läsning.

Kristian var av den Oldenburgska släkten, son till kung Hans och drottning Christine av Sachsen. Han föddes 1481 på Nyborgs slott och dog 1559 som fånge på Kalundborgs slott. Han var högt bildad och omgivningen uppfattade honom som intelligent utöver det vanliga. Dock hade han inget av föräldrarnas godmodighet, humor och inre fasthet. Reiter ser hos Kristian en dubbelnatur, som lätt råkar i affekt men också kan vara charmerande och underhållande. Han är misstänksam och kyligt beräknande. Reiter vänder sig emot vissa historikers åsikt att Kristian skulle varit en svag man och ett "blint redskap".[103] Han skriver om Kristian att "genom sin oberäkneliga våldsamhet var han snarare en farlig man".[104] Reiters diagnos blir att Kristian "tillhör de schizoida typerna". Han var samtidigt överkänslig (när det gällde honom själv) och känslolös, lättretad och lättsårad. Periodvis var hans tillstånd psykopatiskt. Men till dessa negativa sidor får man också lägga andra. Han genomförde ett stort lagstiftningsarbete som tydde på en för tiden ovanlig framsynthet. Det förefaller som om han tyckte lika illa om den danska adeln som den svenska, något som man har förklarat med hans i uppväxt i en borgerlig familj under relativt enkla förhållanden.

Sin lyckligaste och bästa tid hade han tillsammans med sin stora kärlek Dyveke som han, enligt vad Arild Huitfeldt berättar, träffade på en fest i Norge. Hon var en enkel ung flicka, enligt samtida berättelser vacker och älsklig. Kungen blev omedelbart och lidelsefullt förälskad i henne, något som höll i sig till hennes plötsliga död. Hon var dotter till en holländsk värdshusvärdinna och ljusår från hans vanliga liv vid hovet. Han var vid den tiden vicekung i Norge där han också bodde. Han lät nu bygga ett hus åt henne och hennes mor nära sitt eget. När han efter faderns död blev dansk kung flyttade han till Köpenhamn och tog flickan med sig.

Där gav han henne ett hus nära sitt eget och lämnade henne sedan inte, trots hovets alla upprörda protester, ens vid sitt eget giftermål 1514 med Elisabeth av Österrike. Dyvekes död år 1517, som han beskyllde omgivningen för, innebar en katastrof för honom. Han var övertygad om att Dyveke blivit förgiftad. Ryktet sade att hon dog av förgiftade körsbär. Reiter anser att Kristians liv efter detta tog en annan vändning. Han blev våldsam, obalanserad och rotlös och fick samtidigt svårt att fatta och hålla fast vid beslut.

Motståndet mot Kristian ökade inte bara i Sverige utan även i Danmark. Till det bidrog starkt att han efter Dyvekes död behöll hennes mor Sigbrit Willoms i sin omedelbara närhet. Hon måste ha varit en ovanlig kvinna. Med ett fast grepp tog hon hand om den danska ekonomin och fungerade länge som Danmarks inofficiella finansminister, naturligtvis till stor förtret för Kristians andra rådgivare. Hon blev dessutom den som ansvarade ekonomiskt för Kristians son, prins Hans, och till och med för drottningens hov.

AVSÄTTNINGEN AV KRISTIAN II

Även de tyska köpstäderna såg med ökad oro på Kristians planer på ett nytt sorts handelskompani i Norden. Adeln hade han haft emot sig nästan från början men nu började de tunga skattetilläggen på bönder och köpmän ge motstånd också från dessa grupper. Hans våldsamma sida, nyckfullhet och svek också mot dem som stödde honom drev fram en förändring.

De förändringsarbeten som Kristian genomförde och där han säkert fick ett starkt stöd av Sigbrit irriterade både adeln och kyrkan. Ända sedan hans uppväxt hade han en för tiden ovanlig önskan att förbättra förhållandena för de lägre samhällsklasserna. Han ålade prästerna att lära böndernas barn läsa och skriva och att undervisa dem i religion. Han lät också införa modernare läroböcker.

Men framföra allt genomförde han en ny lag för befolkningen på landsbygden som i praktiken upphävde livegenskapen. Några ord ur en av de viktiga paragraferna lyder:

> Slik ond och okristlig sedvana, som hittills på Själland, Falster, Lolland och Möen rått haver med fattige bönder och kristne människor att sälja och bortgiva dem som oskäliga kreatur, skall ej efter denna dag ytterligare ske.[105]

Det föll naturligtvis inte i god jord och efter Kristians tid återinfördes den gamla lagen som sedan fortfor att gälla under avsevärd tid. Han stötte sig också med kyrkan genom att inskränka deras invanda rättigheter om stora följen med mera, och han införde att deras rättsfrågor skulle avgöras i en inhemsk statlig domstol istället för att skickas till Rom som förut. För städerna införde han lagar om renhållning, fattigvård och rättsvård. Men tiden var inte alls mogen för reformer av det här slaget och det blev bara en parentes i det danska livet. Han fick varken med sig regering eller riksråd. Däremot skaffade han sig många fiender också i Danmark och den hårt pressade ekonomin efter krigen gjorde att riksråd och adel började se sig om efter någon annan att styra landet. Det fann man i kungens farbror Fredrik och efter inledda förhandlingar startade man nu ett uppror mot Kristian. Denne ville uppenbarligen inte låta sig tas till fånga och våren 1523 gav han upp och lämnade frivilligt Danmark med sin familj för att bosätta sig i Nederländerna. Den hatade Sigbrit tog han med sig. Danmarks tron övertogs av farbrodern hertig Fredrik av Holstein under namnet Fredrik I.

Kristian var dock inte beredd att ge upp för gott utan planerade en återkomst. Han vistades med sin familj i Nederländerna, där han fick visst stöd från hustrun Elisabeths familj, särskilt från hennes bror, kejsar Karl V, samtidigt som han smidde planer på en återkomst. Redan tre år senare, i januari 1526, dog den 24-åriga Elisabeth.

Kristians vacklande hållning och obeslutsamhet visar sig också i hans förhållande till religionen. Under den första tiden i landsflykt blir han lutheran år 1524, samtidigt som han desperat söker stöd hos sin svåger, den katolske kejsaren. Sex år senare återvänder han till den katolska kyrkan. Men några år senare har han ännu en gång ändrat sig och deklarerar att han nu åter är lutheran.

Åter i Sverige

VAD HÄNDE DÅ I SVERIGE?

Gustav Vasa var en av de sex män som Kristian tagit med som gisslan och fört till Danmark. Han lyckades fly från det danska Kalø slott där han suttit fängslad hos Erik Banér och gav sig iväg till Lübeck för att söka stöd för ett uppror mot det danska övertagandet av Sverige. Med lybskt stöd i form av lånade pengar tog han sig sedan upp till Sverige och utkämpade diverse strider mot danskarna. Ett befrielsekrig hade börjat.

Han hade till att börja med inte hela landet under sin kontroll. Hans mål var att all makt, den ekonomiska, utrikespolitiska såväl som den kyrkliga och den administrativa, skulle ligga i hans händer. Men han skyndade långsamt i början och erövrade makten bit för bit. Den 21 augusti 1521 blev han vald till riksföreståndare och 1523 till kung och då installerade han sig på Stockholms slott, som lämnats i ett miserabelt tillstånd efter att den danska styrkan dragit bort. Vid det första valet uttalade han först ett klädsamt åberopande av sin ringa börd som skäl att säga nej. Men ingen större övertalning behövdes för att sedan få honom att säga ja. Under det följande halvåret gav de utländska fogdar som fortfarande suttit på svenska slott upp. Alla utom Sören Norby som envist satt kvar på Gotland.

Men Gustavs ställning var inte helt säkrad på länge än eftersom mindre uppror och oroshärdar blossade upp inom landet med jämna mellanrum. Det fanns fortfarande Sturetrogna män på flera håll i riket och de fann sig inte utan vidare till freds med det nya styret även om det satt en svensk man som riksföreståndare i Stockholm.

Vartefter blev det tydligt för var och en att bara de som strävade mot samma mål som Gustav kunde behålla sina positioner. Ja, till och med deras liv var avhängigt hans välvilja.

FRIGIVANDET OCH ÅTERKOMSTEN

Under en riksdag i Strängnäs år 1523 valdes Gustav Vasa till kung. Han var då 27 år. Enligt en uppgift ska han sommaren 1523 förmått hansestäderna att göra en framställning till det danska riksrådet för att få de fängslade svenska kvinnorna fria.[106] De ska då redan ha förts till Roskilde för förhandlingar med en biskop, vars namn inte nämns men möjligen var Gustaf Trolle. Uppenbarligen lyckades inte förhandlingen den gången. Fredrik I visade inget större intresse av att lösa saken. Kanske tänkte han att det kunde vara bra att ha kvinnorna kvar för att använda vid förhandlingar med Gustav Vasa. Själv tror jag att även Gustav tyckte det var lugnast om Kristina, som representant för Sturarna, var kvar i Danmark tills han satt säker på tronen i Sverige. Ekonomierna i de båda länderna var nedkörda i botten och man lade tillfälligt ner stridsyxan.

Först i januari 1524, alltså efter att Gustav valts till kung, frigavs Kristina och de andra fångarna med hjälp av det danska riksrådet. Den lilla skaran återvände direkt till Sverige och troligen skedde det med båt via Kalmar. På Kalmar slott satt Berend von Melen och där ska också Kristinas äldste son Nils

Åter i Sverige

Sture ha vistats under slutet av år 1524 och en bit in på 1525. Kristina stannade inte länge och när hon i slutet av januari 1524 fortsatte till Linköping tycks hon ha lämnat honom kvar. Kanske kände hon sig ännu osäker på Gustav och tyckte att sonen var tryggare i Kalmar med Melen. Det var han emellertid inte. Slottet stormades av Gustav året efter och denne tog då själv hand om Nils. Möjligen tog han då också hand om Sören Norbys lilla dotter som denne lämnat där i tro att hon var säker hos Melen. De två barnen ska ha varit bland de få som överlevde övertagandet av slottet.

Man talar om Kalmar blodbad, men det handlade inte om egentliga strider utan om vad som hände efter övertagandet. Gustav ska ha beordrat att alla de som kapitulerade skulle avrättas till siste man trots löften om fri lejd. Det var en fullkomligt onödig åtgärd som stod i strid med vedertagna lagar och normer. Här handlade det ju inte om upprorsmän utan legosoldater som varit i tjänst. Men Gustav tog ingen sådan hänsyn. För honom handlade det bara om en chans att försvaga von Melen. Nils hade fått skydd hos von Melen i Kalmar och kanske känt en viss trygghet där. I så fall måste hans känslor för Gustav ha fått sig en rejäl törn.

Kristina tycks ha lämnat kvar sin yngre son Svante i Danmark, antagligen hos släktingar. Där var han just då inget större hot mot den danske kung Fredrik. Hon kan ha sett det som en större risk att ha honom för nära Gustav.

Enligt en uppgift hos Per Stobaeus[107] begav sig Kristina därefter först till Vadstena. Vi har ingen uppgift om var hon bodde men kanske var det naturligt för henne att vända sig till klostret i Vadstena som en första anhalt vid återkomsten till Sverige. I klostret hade man förblivit lojal mot Sturarna. Det måste ha tagit en viss tid att få ordning på och reda ut vad som fortfarande fanns kvar i hennes ägo och vad som gått förlorat. Vadstena var sedan länge en plats där både adel och kyrkans folk samlades och det borde ha varit en bra plats att snabbt få information om läget i Sverige. Det hade under långa tider funnits folk från högadel och adel som ägde hus och gårdar i Vadstena, bland andra Ture Jönsson. Dessutom låg Ulvåsa gård inom räckhåll. Kanske fick hon först nu vetskap om att Brask lagt beslag på den.

Kristina förspillde ingen tid att återta sina förlorade egendomar. I Linköping förhandlade hon med biskop Brask. Hon tog med sig sin mor Sigrid till mötet med biskopen. Förhistorien var att Brask, som nätt och jämnt klarat sig med livet i behåll under blodbadet, hade en ouppklarad affär med Kristina. Under första halvåret av 1520 hade hennes trupper härjat i Vadstena och förstört biskopsgården där. Den låg sedan länge under Linköpings stift vars biskop Brask var. I den allmänna huggsexan efter blodbadet hade han lyckats tillskansa sig en del av Kristinas egendomar i Östergötland som kompensation, nämligen Aska och Bobergs härader och den gamla gården Ulvåsa, en gång Heliga Birgittas hem.

Nu lyckades Kristina få till stånd en deal om en kvittning – skadorna på hennes egendomar mot skadorna på biskopsgården. Dessutom fick Brask lämna ifrån sig inte bara Ulvåsa utan också årets tionde från de båda socknarna Fornåsa och Lönsås till henne. Om hon nu också gav sig iväg till Ulvåsa för att inspektera läget eller bo där ett tag är oklart men det är väl inte omöjligt. Hon kan också ha begett sig till Hörningsholm som hon lätt kunnat nå med båt från Linköping. Nanna Lundh-Eriksson uppger, tyvärr utan källa, att hon förutom på Ulvåsa också bodde en tid på Gäddeholm, nuvarande Tureberg i Sörmland, men att hon sedan gav sig iväg till Venngarn med sin mor.[108]

KRISTINAS FÖRMÖGENHET

Det förefaller som om Kristina efter återkomsten lyckades återfå de flesta av sina egendomar. Man kan senare se i hennes och sonen Svantes testamenten att Kristina var en rik kvinna. Hon ägde åtskilliga stora gårdar med underliggande smågårdar och torp. Många hade hon ärvt efter föräldrar och maken Sten Sture, andra hade hon köpt eller bytt sig till. Sammanlagt ska hon ha ägt bortemot 700 gårdar av olika storlek, från större egendomar som Hörningsholm och Tullgarn ner till smågårdar i små byar. Hennes inkomster av gårdarna bestod i den avrad de som brukade dem gav henne årligen. Allt detta måste administreras. Brukarna, frälsebönder och torpare, fick själva frakta årets behållning, som ju oftast var i form av varor, till Kristinas huvudgårdar. Det kunde handla om långa frakter med kärror och foror på dåliga vägar där man var utsatt för väder och vind. Det var därför av stor betydelse att försöka samla sina gårdar något så när omkring huvudgården, därav alla byten och köp som avspeglar sig i adelns och den jordägande klassens räkenskaper. Ett exempel på hur mycket avkastningen kunde ge har vi i en uppgift från Björkarö by bestående av fyra gårdar. Byn ligger på Mörkö, det vill säga nära huvudgården Hörningsholm. Den ägdes ursprungligen av Svante Sture och gick sedan genom Sten Sture i arv till Kristina och vidare till sonen Svante. I räkenskaperna ser vi att de fyra gårdarna vardera årligen skulle betala: 3 spannar korn, 2 höns, 10 ägg, en halv gås, 6 lass ved, 6 dagsverken, ett och ett halvt pund fläsk och slutligen en kontant summa pengar i avrad och dessutom en mindre summa i "fogdegästningspenningar".[109] Det låter kanske inte så mycket men om man tar det gånger 700 och lägger till att gårdarna naturligtvis betalade efter storlek så kommer det i ett annat läge. Huvudgården kunde naturligtvis välja mellan att behålla allt eller delar av avraden som den var eller sälja vissa delar för reda pengar.

Denna naturainkomst var en svajig inkomst, beroende av bondens eller torparens hälsa och skicklighet, väder och vind, torka och missväxt för att bara nämna några hinder. Man kunde som jordägande aldrig exakt veta vad nästa års inkomst skulle bli. Otaliga uppgifter om oärliga fogdar låter oss förstå att mycket av inkomsterna dessutom kunde "försvinna på vägen".

Det har diskuterats om Gustav Vasa redan från början helt strävade mot egen makt eller om han ursprungligen tänkte sig att hjälpa de Sturetrogna tillbaka till makten. Vi vet inte vad han innerst inne tänkte men helt visst använde han sig av denna grupp i början. Eftersom han var en av de få, nästan den ende, nära manlige släktingen till Sturarna som överlevde blodbadet och mer eller mindre hade Kristina vid sin sida, litade man på honom. Möjligen utan att fråga honom om hans verkliga syfte och mål. Några bevarade dokument låter oss se att Kristina och Gustav vid några tillfällen var arvsberättigade i samma dödsbo. De hade båda att bevaka sin del vilket också gjorde att de periodvis fick god insyn i den andres ekonomi. Kristinas och Gustavs gemensamma anor och hennes relativa rikedom hindrade Gustav från att hantera henne som han kunde hantera andra. Han var så illa tvungen att ta viss hänsyn till henne och jag tror att det störde honom avsevärt. Om allt detta var hon säkert väl medveten. Ändå gällde det även för henne att balansera sin, i vissa avseenden, gynnade position.

SÖREN NORBY OCH FRIERIET

År 1524 uppstod olika rykten om Kristina och den danske sjöamiralen och länsinnehavaren Sören Norby som gick ut på att ett äktenskap planerades dem emellan.[110] Ryktena om äktenskapsalliansen är belagda från Danmark, Tyskland och Sverige och det finns inga skäl att betvivla dem. Som det ser ut har man på alla håll, hos den danske kungen, Norby, Gustav Vasa och Lübeck, Rostock med flera uppfattat ryktena som sanna. I det danska riksrådets rapport till kung Fredrik från herredagen i Aarhus år 1525 står det: "Item är det ryktet gångandes, att Herr Severin Norby ståndaktiger är uti att vilja hava till äkta fru Kerstina i Sverige."

Man får intrycket att Norbys plan inte var helt orealistisk, vilket också Gustavs reaktion tyder på. Sören Norby hade tidigare varit i svensk tjänst och var den största länsinnehavaren i Östersjöområdet. Han hade från 1522 lyckats lägga under sig Kalmar län, Gotland och det mesta av Finland. Han var sjöamiral och hade tillgång till många skepp. Det är ingen tillfällighet att hans intresseområden låg vid Östersjön. Men just dessa områden var också viktiga för både den danske och den svenske kungen.

Sommaren 1524 berättade också Rostocks borgmästare under ett möte i Köpenhamn att ett rykte gjorde gällande att Sören Norby planerade ett giftermål med Kristina. Initiativet skulle ha kommit från Sverige som föreslagit denna förening, något som får betraktas som helt otroligt. I alla fall om man med Sverige menar Gustav, vilket antyds. De uppgifter som talar om att den danske kungen sett gillande på idén är lättare att förstå och möjligen tro på. Enligt vissa uppgifter gick den danske kungens plan ut på att Sören Norby med Kristina vid sin sida skulle ta hand om Sverige. Norby skulle bli den nye riksföreståndaren. Med danskt stöd eller möjligen tillsammans med Kristina skulle han agera som förmyndare för den unge Nils Sture, som vid den här tiden var i tolvårsåldern. Genom Kristina skulle paret få stöd från Stureanhängarna. Norby och von Melen skulle först ta kontroll över Skåne och därpå bryta in i Småland där Melen redan hade kontroll över Kalmar och sedan fortsätta upp i landet. Samtidigt skulle dalfolket, som till stor del varit lojala mot Sturarna, resa sig mot Gustav och från norr förena sig med Norby och von Melen. Så tycks planen ha varit även om detaljer kan skilja i olika framställningar.

Den 11 maj 1525 tillfångatogs en av Norbys män, Otte Stigsen (Hvide), efter strider i Skåne och han ska då inför danska riksrådet ha berättat om en trolovning mellan Norby och Kristina. Stigsen ska ha berättat följande: "Herr Sören hade sänt Kristina en ring gjord i tre ringar [...] och trolovade henne därmed och hon sände honom igen en guldtavla och en ring med en 'kamo' [kamé?] med Niels Byring."[111]

Norby och von Melen hade kontakt med den avsatte kung Kristian i Nederländerna och Kristian ska ha fått ett brev av en tredje person, troligen någon gång under 1525, där han underrättades om att von Melen och Norby planerade att erövra Sverige. I brevet påpekades det att de båda var "genom sina hustrur högt befryndade där", men de behövde hjälp med en landstigning i Blekinge.[112] Nu hade väl brevskrivaren gått händelserna i förväg för Norby var ännu ogift, men det är väl ingen tvekan om att det var Kristina som åsyftades. I mars 1525 lät Kristian II skicka ett bud till Norby med instruktioner om hur Norby skulle förhålla sig mot honom om företaget lyckades. Det är tydligt att Kristian både godkände planen och gillade den. I instruktionerna skriver Kristian att Norby då skall vara kungens ståthållare i Sverige och dessutom ge en årlig avgift till Kristian. Nu sprack de planerna eftersom Sören Norby led nederlag mot danskarna. Strax efter kung Kristians fördrivande från tronen i januari 1523 skickades ett brev från det danska riksrådet till Norby. Man ville försäkra sig om att Norby anslöt sig till resningen och höll sina län till riksråden och inte till Kristian.[113]

C. F. Allen skriver att man inte kan tro annat än att en trolovning verkligen ägt rum.[114] Oscar Alin för ett resonemang om att Kristina mycket väl kan ha tjusats av Sören Norby som han beskriver som en man med egenskaper som "väl kunde slå an på ett qvinnohjerta: han var tapper ända till öfverdåd, ridderlig, trofast, och i Sverige kunde man berätta, huru han, långt ifrån att låna sin hand åt sin herres våldsgerningar, varit deras beskyddare, som sökt hans hjälp."[115]

Det finns berättelser om att han ska ha visat de fångna svenska damerna ridderlighet och skonat tillfångatagna fiender vid kaperier. Eftersom det särskilt nämns i samband med hans namn kan det kanske stämma. I en tid då blodig grymhet och övervåld var det vanliga skulle det säkert ha uppmärksammats. Sören Norby var en man som trots avsaknad av börd och rikedom tagit sig fram på egna meriter. Han hade belönats rikligen av Kristian II med förläningar och var under en period förmögen. På uppdrag av Kristian hade han under en period ägnat sig åt sjökaperier, något som var vanligt för tiden. Enligt avtal skulle han lämna en fjärdedel av behållningen till Kristian men fick behålla resten. Det hände till och med att han lånade ut stora summor till kungen. Men efter Kristians flykt till Nederländerna förändrades också läget för Norby.

Som alltid kom mycket av planerna till Gustavs kännedom. Redan i februari 1525 skriver han i ett brev till Måns Bryntesson Lilliehöök, befallningaman på Älvsborg, att han fått kännedom om "många onda stämplare" bland folket och nämner "de som vi aldrig hade trott därom, besynnerligen fru Kristina och hennes parti och anhängare, som oss med sådana onda stämplingar och förräderi vilja belöna för de goda gerningar, som vi dem och meniga Sveriges inbyggare bevist hava."[116] Han skriver också till biskop Brask att Sören Norby "haft sina garn ute för att få Kristina Gyllenstierna att ingå äktenskap, för att hon och hennes barn måtte komma till makten, till vilket oförstånd hon haver låtit sig bedraga".[117] Biskop Hans Brask skriver till Skarabiskopen Magnus Haraldsson att han tycker att kungen med klok förställning så snart som möjligt borde försona sig med Kristina (eftersom folket står på hennes sida), vilket skulle inbegripa en skriftlig trohetsförklaring från henne.[118]

För Kristina måste situationen och misstankarna mot henne varit skrämmande. Risken var naturligvis överhängande att hon skulle ses som en förrädare mot kronan. Orden "fru Kristina och hennes parti och anhängare" mer än antyder ju att det hela var organiserat och att hon var delaktig. Men var hon det?

Sådana rykten kan förstås ha föranlett beskyllningar om att Kristina var beredd att förråda Sveriges intressen till förmån för de danska. De måste ha gjort hennes och sönernas situation ömtålig. Gång på gång ser vi exempel på hur Gustav anar konspiration och uppror som han snabbt fördömer som förräderi och för det har han bara ett straff. Jag tror att Kristina balanserade på en tämligen slak lina under den här tiden. Med sin kännedom om Gustav förstod hon det säkert också. Om hennes främsta mål var att skydda sönerna, så blir det lättare att förstå hennes vidare agerande. Hade hon gift sig med Norby hade knappast hon och sönerna kunna stanna i Sverige så länge Gustav satt på tronen. Troligen bedömde hon Norbys chanser att få bort honom som för små. Sommaren 1525 hade Gustav visat sin hårda och kompromisslösa sida vid intagandet av Kalmar. Efter övertagandet skall han enligt flera uppgifter ha "tagit hand om" den unge Nils Sture och Sören Norbys lilla dotter.

Gustav hade farit hårt fram för att kväsa uppblossande uppror på olika håll. Hans hårda nypor när det gällde skattepolitik och indragningar till kronan hade väckt missnöje

Åter i Sverige

även hos tidigare anhängare. Hur mycket stöd han skulle kunna räkna med vid en allvarlig konflikt var svårt att uppskatta, säkert även för Gustav. Hans misstänksamma natur hade visat sig på så vis att han hittills varit snabb med att slå ner på minsta tecken till uppror. I Norby hade han en farlig motståndare och han agerade nu återigen snabbt för att rädda situationen. Till att börja med lät han skicka skrivelser till olika delar av landet där han varnade folket

14. Sören Norbys namnteckning.
Källa: Lundh-Eriksson 1924.

för upprorstankar och framför allt för att lita på Norby. Det skulle, skriver han, vara som att bjuda in Kristian II igen. Han nämner också det tilltänkta äktenskapet och att Norby med hjälp av det skulle ta över makten.

Sören Norby hade nog goda skäl att tro att äktenskapet skulle bli av. I juni 1525, när han var under belägring i Landskrona, förhandlade han med kung Fredriks representanter om eventuell kapitulation. Norby ställde då som villkor att kung Fredrik och det danska riksrådet skulle hjälpa honom att få Kristina och hennes ägodelar fria från Gustav Vasa. En egendomlig formulering kan tyckas. Var inte Kristina fri? Norby skriver: "Så jag icke hädanefter skall leva föraktad eller som en lögnare, efter den tro och det äktenskap jag har lovat och tillsagt henne."[119]

Hur det var med Kristinas känslor för honom kan vi inte veta, men det handlar om en tid då kvinnor inte var vana att rätta sig efter känslor för äktenskap. Särskilt inte en kvinna i Kristinas position. Ändå vore det ett farligt vågspel att, tillsammans med Norby, gå emot Gustav i ett uppror, och om hon medverkade till det skulle hon sätta inte bara sitt eget liv på spel utan också sina söners.

Norby själv tycks hela sitt liv ha varit lojal mot Kristian II. Kanske förstod han inte vidden av det hat mot Kristian som svenskarna kände. Men det måste Kristina ha gjort.

Under fängelsetiden i Danmark hade hon troligen fått hjälp av Norby. Om den hade kommit ur hans goda hjärta eller om han redan då hade sett möjligheter att helt enkelt utnyttja hennes position i Sverige går inte att utröna. Men det finns inga säkra belägg för att han samarbetat med Stureanhängarna, och hans invit till Gustav i februari 1526 visar att han då ville gå över till honom.[120] Dessutom var Kristina rik och av hög börd; hans intresse för henne behöver alltså inte ha berott på politiska ambitioner. En annan möjlighet är att han helt enkelt fäst sig vid henne och ville ha henne vid sin sida. Vad ville hon?

Rune Stensson tror att Kristina sedan hon återkommit till Sverige verkligen haft planer på en konspiration mot Gustav för att med hjälp av de Sturetrogna föra fram sina söner till makten.[121] Stenssons åsikt är att man kan räkna med en Stureagitation från denna tid, även om han samtidigt medger att det inte direkt satt några spår i handlingarna. Undantaget då Gustavs påtagliga misstänksamhet mot Kristina, Nils och tidigare Sturetrogna. Från Kristina själv har vi ingen avsiktsförklaring. Men det skulle möjligen ge en bakgrundsförklaring till sonen Nils senare agerande. Jag kan nog tänka mig att hon sonderade terrängen för att om möjligt få tillbaka makten till Sturarna, men jag tror inte att hon var beredd att riskera sönernas liv. En liaison med Sören Norby tålde nog att tänka på. Han var handlingskraftig och en erfaren och skicklig krigare och hade säkerligen vilja nog att genomföra ett företag av den här storleken. Men var det realistiskt? Både militärt och ekonomiskt var Gustav starkare och skulle det stå mellan en svensk och en dansk kung eller riksföreståndare vore det nog troligt att både adel och allmoge skulle välja det svenska. Dessutom lurade den avsatte Kristian II i bakgrunden.

En annan möjlighet är att Kristina tydde sig till Norby under den danska fångenskapen, kanske i brist på bättre alternativ. Under de år som fångenskapen varade kan hon inte ha märkt av någon större vilja att få loss henne och de andra kvinnorna och barnen varken från Gustavs sida eller den danske kungens. Självklart måste hon ha undrat om hon någonsin skulle komma fri. Om uppgifterna stämmer att Norby visat henne intresse tror jag att hon såg det som en chans, en möjlighet att bygga vidare på till friheten, och uppmuntrade honom. Vi vet inte hur mycket, och framför allt hur säker information, hon och de andra kvinnorna fick om förhållandena i Sverige. Kanske tog hon ett steg i taget och Norby kan då ha varit det första. När hon sedan blev fri och själv kunde bilda sig en uppfattning om läget i Sverige och se hur Gustavs position stärkts, fanns det ju all anledning att tänka om. Min tro är att Kristina för en tid kan ha sett en framtid i Sverige med Norby vid sin sida men att hon snart lade ner hela idén, speciellt med tanke på sönernas ålder, främst Nils. Och kanske var hon inte heller övertygad om att Norby, om han kom till makten i Sverige, skulle släppa den till hennes söner. Hur det var med Nils känslor för ett äktenskap mellan modern och Sören Norby vet vi inte men man kan ju tänka sig en Hamlet-situation.

Det här är mina krassa funderingar men kvar finns ändå möjligheten att det faktiskt handlade om varmare känslor – från hennes sida eller ömsesidigt. Kanske blev hon förälskad.

Efter ett bondeuppror i Skåne våren 1525 fick Norby till stånd en uppgörelse med danskarna om Visborg, borgen i Visby och hela Gotland. Visborg belägrades av lübeckarna och man var nära att förlora Gotland. Överenskommelsen gick ut på att Norby skulle överlämna Gotland med Visborg till danskarna. Istället skulle han få Lyckå och Sölvesborg med Blekinge och Lister. Lübeck fick Bornholm. Norby överlämnade Visborg 2–4 november 1525 och begav sig då till Blekinge.

AVBÖJANDET AV FRIERIET

Julen 1525 var Gustav Vasa på Vadstena slott. Även Kristina var där. Om hon var där bara som gäst eller om det mer handlade om att Gustav ville ha henne inom synhåll för att kunna kontrollera hennes göranden och kontakter är oklart. Med tanke på det brev hon skrev här den 29 december till en släkting i Danmark, Knud Pedersen Gyllenstierne, länsman på Aalholm och riksråd, kan man misstänka att hon stod under stark press.[122] Brevet handlar om frieriet och löftena till Norby och är det enda från hennes egen hand om saken. Frågan är hur frivilligt brevet skrevs. I brevet förnekar hon att hon sagt ja till Norby men hon tillstår att hon sagt till honom att om hon skulle gifta sig igen skulle Norby "vara den hon skulle sätta tro till". Hon medger också att hon skickat gåvor till honom, nämligen en guldring och en guldtavla, men att detta var mer som ett tack för hjälp när hon satt fången i Danmark. Hon skriver också att hon vill att Knud Pedersen skall be länsman på Kalundborg, Hans Krafse, att förmedla till Norby att hon inte vill gifta sig med honom.[123] Man kan tycka att det hade varit enklare och mer seriöst att framföra det direkt till Norby. Men kanske var tanken (från Gustavs sida) snarare att ge information till omvärlden att äktenskapet inte skulle bli av. Brevet kan och har lästs på olika sätt. Antingen är det helt enkelt sant som hon skriver eller så har hon pressats till brevet av Gustav Vasa.

Det existerar viss brevväxling mellan Norby och Gustav. Norby krävde att få tillbaka sin dotter och marsken Severin Brun, som var i svensk fångenskap efter erövringen av Kalmar. I februari 1526 skriver Norby till Gustav Vasa och vill få till stånd ett personligt sammanträffande. Han erbjuder sig att gå över till svensk sida och hänvisar till den hjälp han tidigare gett till svenskar, bl.a. vid blodbadet. Men Gustav vill inte träffa Norby och något möte blir inte av. Inte heller någon övergång till svensk sida för Norby. Han var inte välkommen. Norby ska ha sårats av avvisandet och släpper därefter tanken på ett samarbete med Gustav Vasa.

Men ryktena om äktenskapet höll i sig länge. Så sent som 1529 skrevs ett brev från ärkebiskop Johannes Magnus om äktenskapsryktena. Ärkebiskopen befann sig inte längre i Sverige och man förstår att hans uppgifter om hemlandet inte var färska. Han ska i Danzig ha hört rykten om att Sören Norby var i färd med att utrusta en krigsflotta för att hjälpa Kristian II att återta tronen.[124] Men vid det laget var hela historien sedan länge över. Efter att en tid ha vistats hos kung Kristian i Nederländerna gick han i kejserlig tjänst och stupade år 1530 utanför Florens under en belägring. Hans grav är inte känd.

EKONOMIN EFTER BEFRIELSEKRIGET

Den stora skuld (120 000 lybska mark) som kung Gustav dragit på sig till Lübeck för att få medel till befrielsekriget tog han upp i alla möjliga sammanhang för att få andra att släppa till pengar. Han höjde skatter, drog in pengar från kyrkan och drog in egendomar från adeln. Allt gick dock inte till återbetalningen av lånet utan mycket gick till att stärka statens finanser och till militär upprustning. Efter alla krigsår var dock skattehöjning inte det optimala sättet att dra in pengar. Med kyrkan var det annorlunda och där satte Gustav in den stora stöten, inspirerad av de lutherska tankarna som kom in i landet via svenskar som studerat i Tyskland. Gustav såg stora vinster i den nya läran. Dels skulle han själv, som kung, också kunna bli kyrkans överhuvud men framför allt skulle han kunna få tillgång till kyrkans rikedomar bestående av mark, egendomar, ädelmetaller osv. För att överförandet av tillgångar inte skulle te sig som ren stöld förklarade Gustav nu att kyrkans egendom var folkets och vem hade ansvar för folket om inte han?

ARVSKIFTE

För Kristinas del kom de ekonomiska mellanhavandena med Gustav mest att handla om testamentet efter hennes mor Sigrid som avled år 1527. Kristinas halvbror Trotte Månsson och helbröderna Eskil och Erik levde inte längre. Men Gustav Vasa ansåg, som han oftast gjorde, att han var arvsberättigad. Sigrid och hans mor Cecilia hade varit halvsystrar. Idag hade det inte hjälpt honom eftersom Kristina ännu levde men arvsreglerna såg annorlunda ut då. Och hade de inte gjort det hade nog Gustav funnit på råd ändå. Nu gick en rejäl portion av arvet efter Kristinas mor till honom. I ett brev till henne påpekar han ädelmodigt att han inte vill vara henne förnär på något vis men att hon skall besinna vad som är rätt och låta skiftet ha sin rätta gång.[125] Sedan lägger han hycklande till att han förstås alltid hellre vill förbättra hennes del än förminska den.

REFORMATIONEN

I juni 1527 hölls ett riksmöte i Västerås till vilket biskopar, adel, bergsmän, köpmän och allmogen var kallade. Mötet fick avgörande betydelse för förhållandet kyrka–stat i Sverige. Från och med nu blev kyrkan underordnad staten i allt. Det gällde både kyrkans lära, ekonomi och rättsliga ställning. I ett svep kastades det högre prästerskapets privilegierade ställning och makt över ända. Biskoparnas slott och borgar skulle överlämnas till kungen, liksom flertalet av de beväpnade män som biskoparna brukade omge sig med. Den protestantiska läran skulle få predikas på svenska, och Sverige skulle inte längre lyda under påven. Men det dröjde till 1536 innan den kanoniska rätten avskaffades och hela processen att omvandla Sverige till ett protestantiskt land fortsatte under lång tid.

Det var naturligtvis ett enormt ingrepp på många plan och man kan undra hur folk tog det till sig. Att plötsligt byta religion fast ändå inte till en helt ny måste ha varit kolossalt förvirrande. Man hade fortfarande den kristna tron, med samma Gud men utan det invanda förhållandet till Gudsmodern och helgonen. Vad gällde egentligen?

I Sverige var det högre prästerskapet till stor del öppet emot en förändring. Av förklarliga skäl kan man tycka, eftersom det påverkade kyrkans och deras egen ställning på många sätt, framför allt ekonomiskt. Gustav var snabb med att föra över kyrkans tillgångar till statskassan. I den ekonomiska situation som Sverige befann sig i efter alla krigsår och de stora lånen till Lübeck kom reformationen sällsynt väl till pass för Gustav. För folket betydde den ökade skatter, en utarmad kyrka och en stor villrådighet. Man protesterade genom att i stor utsträckning inte längre gå till kyrkan. Viss forskning i England och Tyskland tyder på att det ännu kring mitten av 1500-talet inte fanns någon övervikt av det lutherska tänkandet hos folk i allmänhet.[126] Troligen gällde det också Sverige. Det har sagts att det tar upp till tre generationer att byta ut en tro mot en annan.[127]

Under den period då Sverige låg under interdikt hade man fått klara viktiga händelser som bröllop, barnafödsel och begravning utan kyrkans stöd. Inte så mycket är skrivet om hur man hanterade det rent konkret, men barn namngavs och döda kom i jorden. Något annat var inte möjligt.

BISKOP BRASK

Vissa biskopar och präster protesterade högljutt och vägrade släppa sin katolska tro, bland dem biskop Hans Brask i Linköping. Enligt Brask omintetgjorde eller åtminstone försvårade Gustav Vasas rofferi av kyrkans liturgiska föremål och jordegendomar den tjänst som prästerna utförde när de till exempel förrättade själamässor som människor betalat för. Brask trodde nog att det som han uppfattade som villolära skulle gå över. Han tänkte sig att den kunde bekämpas med lärdom och upplysning.[128] År 1524 skrev han till Gustav Vasa att han inte trodde att den lutherska läran hade framtiden för sig eftersom det fanns så många lärda i Tyskland. Till invånarna i det egna stiftet skrev han att det framför allt var olärda och enfaldiga kristna människor som föll för Luthers skrifter. Men snart fick han se sig besegrad. För egen del hade han inte för avsikt att ändra trosinriktning och han, liksom många andra, emigrerade och så gjorde också en stor del av klosterfolket.

KRISTINAS BÖNBOK

Bönbokens (se ovan s. 18) första och längsta del är skriven på pergament och den senare på papper. Man har antagit att pergamentsdelen är nedskriven i Vadstenaklostret just för Kristina. Det är känt att Sturarna hela tiden hade en nära relation till just det klostret. Boken består av tre olika delar, skrivna vid olika tidpunkter och av olika personer vilket framgår av handstilarna. Den äldsta pergamentsdelen är knuten till Kristina genom hennes initialer C och N och hennes vapen, den gyllenstiernska stjärnan målad i guld på blå botten. Bokens tummade skick visar att den varit flitigt använd.

Det är inte känt när den äldsta delen nedtecknades men vissa händelser ger ändå några tidsangivelser. På en sida finns en bön för Sten Stures själ. Man kan förmoda att sidan skrevs strax efter Stures död vintern 1520.[129] I denna relativt korta bön ber hon:

> Ödmjukast beder jag dig, aller mildaste Herre, att du genom din outsägliga barmhärtighet ville fara ner till skärseldens pina och befria min faders och moders själar, tillika min makes, herr Sten Svantessons själ, och alla mina fränder och vänner, liksom alla andra som jag är skyldig att bedja för, på det att de med mig, och jag med dem, må tacka och lova dig till evig tid.

Pappersdelen uppvisar olika handstilar och är alltså nedtecknad av flera olika skrivare. Jan och Jonas Carlquist tycker sig se att språket bitvis är danskinfluerat vilket möjligen tyder på att skrivaren var dansk eller använt danska förlagor.[130] Min kommentar är att kanske skrevs någon del av den rentav i Danmark under fångenskapen.

Boken påminner om Vadstenasystrarnas bönböcker men skiljer sig på ett sätt: i systrarnas böcker är vanligen inledningsdelen på latin men Kristinas bok är helt och hållet på svenska. Det markerar att den är gjord för en privatperson att verkligen användas i sin helhet. Kanske var hon inte så kunnig i latin.

Per Stobaeus har uppmärksammat att författaren på ett par ställen använt sig av Lundakaniken Christiern Pedersens skrifter.[131] I slutet av bokens pergamentsdel finns en handledning för lekmäns andakt under mässan. Den trycktes år 1523 och kan alltså ge en fingervisning om dateringen av denna del. Men även pappersdelen har avskrifter av Pedersens skrifter – här handlar det om predikningar och textutläggning för vissa stora helgdagar. Stobeaus anser att man kan ana att Pedersens skrifter via Hans Brask har nått klostret och att Brask har uppmuntrat användandet av dem.

I bönboken där den första delen skrevs under katolsk tid och den senare under protestantisk kan vi se spåren av skiftet. Kristina var ju i den positionen att hon kunde få undervisning och förklaring om hon bad om det. För församlingsbor i allmänhet fick undervisningen i det nya komma på söndagarna. Kristina hade på nära håll sett och drabbats av den katolska kyrkans makt och maktmissbruk och kanske kändes det lockande för henne att se vad den nya läran hade att erbjuda. Det finns få nedskrivna vittnesbörd om hur den påtvingade övergången gick till och upplevdes i det privata.

Från Kristina har vi ingen åsiktsyttring, bara den lilla bönboken som vid noggrann genomläsning kan ge vissa upplysningar. Den visar ändå upp en bild av skiftet från det katolska till det lutherska. Däremot skriver den så kallade Daljunkern, som jag tror var hennes son Nils, uttryckligen i ett brev till inbyggarna i Siljansdalen, Österdalarna, Västerdalarna och Bergslagen att kungen låtit "besmitta, befläcka och förnedra den heliga kristna tron med mångfaldigt lutheri och kätteri, den tro som heliga konungar, förfäder och era ärliga goda föräldrar [...] städse och obrottsligt [...] hållit vid makt".[132]

En bön i bönboken handlar om frälsning från fiender.[133] I bönboken är man nu inne på pappersdelen. I början av bönen hör vi Kristinas röst:

> Ödmjukast beder jag dig, att du må bevara mig, din tjänstekvinna K(ristina), och frälser mig från mina ovänners våld och makt, både dem som är synliga och dem som är osynliga.
> Fräls mig från deras svek och ovilja, från deras hat och onda rådslag, så att de ej må skada mig med vilja, ord eller gärningar, varken genom sina böner eller allmosor, ej heller genom sina gärningar, onda eller goda, och ej heller med att förhäva sig, varken inför Gud eller inför människor.

Några rader längre ner:

> För hans skull och för allt Marie mod, (beder jag dig att du med) vår Herres högra hand lyfter upp mig, (bort) från alla mina ovänner, och (bort) från de kvinnor som vill skada mig med någon list.
> För vår herre Jesu stora lidandes skull, fräls mig från alla mina ovänners våldsdåd.
> För Jesu Kristi död, stifta fred mellan mig och alla mina ovänner, och mellan (konunga)tronen och mig, för mina synders skull.

I denna mer privata bön skymtar ovänner och deras våldsdåd, listiga kvinnor och kungatronen. Det är lätt att förstå att Kristina kände sig omgiven av fiender under lång tid, först i Danmark under fångenskapen och sedan efter hemkomsten av dem som fortfarande ville bekämpa Stureanhängarna. De listiga kvinnorna kan jag tyvärr inte sätta namn på. Att hon hade alla skäl att vilja ha fred med den som satt på tronen, nämligen Gustav Vasa, är begripligt. Vi vet inte när just den här bönen skrevs men jag kan tänka mig att det var efter hennes hemkomst när ryktena om henne och Norby var som mest aktuella. Säkert blev hon beskylld för att förråda Sverige om hon gifte sig med den danske Sören Norby, som faktiskt aldrig svek Kristian II.

Om de olika delarna hängt ihop från början eller om det handlar om tre olika böcker är svårt att säga. Carlquists anser att de kan ha sammanfogats i efterhand. Den första pappersdelen innehåller katolska böner och bokens tredje del har tydlig luthersk prägel. Vissa delar i den senare är avskrifter av Olaus Petris skrifter. Vid övergången till den katolska delen har Kristina på en blank sida skrivit några privata rader som snarare hör hemma i en dagbok.[134] På ett annat ställe hittar man ett nedtecknat recept och noteringar om utlånade saker. Det ger en glimt av att det här var en bok som Kristina alltid hade med sig. Man bodde i adliga kretsar inte permanent på ett ställe och en liten bönbok kunde säkert höra till sådant som man förde med sig från ena stället till nästa.

BEREND VON MELEN

Berend von Melen var en sachsisk militär från en adelssläkt i Thüringen. Han var befälhavare för de ca 750 tyska hjälptrupper som landsteg vid Söderköping i juni 1522 för att hjälpa Gustav Vasa.

Som så många andra militärer från tiden var han en man som lät sig anlitas av olika furstar och slogs mot de länder och fiender som för tillfället var hans furstes fiender. Han gick först i tjänst hos Kristian II men övergick senare till Gustav Vasa för att slutligen återgå i sachsisk tjänst. Han gifte sig med Margareta Eriksdotter (Vasa) som var kusinbarn till Gustav, men tjänsten hos Gustav Vasa slutade med en hätsk krasch där han vände sig mot Gustav med allehanda beskyllningar, somliga nedskrivna i en formlig stridsskrift. Redan vid riksdagen 1523 hade han utsetts till riksråd, trots sitt tyska ursprung. Han fick då Kalmar slott i förläning. Men efter att ha misslyckats med att på Gustavs befallning inta Visby år 1524 hamnade han, som många andra, i onåd hos kungen och anklagades för förrädiska handlingar. Melen hade besökt Sören Norby på Visborgs slott och till och med burit fram Norbys lilla dotter till dopet, vilket torde innebära att han var barnets gudfar. Det förstärkte Gustavs misstankar om att Melen avsiktligt misslyckats med att inta Gotland. Brytningen dem emellan var ett faktum.

Fram till tiden före Kalmar blodbad hade von Melen fört befälet över Kalmar slott. Gustav använde nu sin mest vänliga ton för att be Melen komma upp till Stockholm för överläggningar. Men Melen som kände Gustav alltför väl anade oråd.

Gustav beordrade nu Melen att lägga över befälet över Kalmar på Nils Eriksson Bielke, men Melen satte istället in sin egen bror Henrik som befälhavare över slottet. För säkerhets skull begärde han lejdebrev innan han gav han sig iväg till Stockholm. Men när han väl anlänt dit gjorde Gustav som han brukade, han bröt mot lejdelöftet och kvarhöll Melen.

Henrik von Melen satt envist kvar på sin post nere i Kalmar och vägrade lämna över den till någon annan än sin bror. För att ordna med överlämnandet kände sig Gustav tvungen att skicka ner Melen till Kalmar igen. Där lyckades han ensam och i smyg ta sig in på slottet och överlämnade det istället åt den tidigare Stureanhängaren Henrik Jute. På slottet befann sig då också den unge Nils Sture och eventuellt också Sören Norbys dotter. Barnen lämnades kvar.

Men hotet från Gustav hängde över von Melens huvud och strax innan Gustavs trupper intog slottet i juli 1525 övergav han Kalmar och gav sig iväg sjövägen tillsammans med sin hustru och bror ner till Blekinge. Troligen var målet att ta sig till Sören Norby, men denne hade hunnit lämna Blekinge och befann sig i Skåne. Efter en kort vistelse på Gotland begav sig Melen istället till Tyskland varifrån han aldrig återvände till svenska marker. De brev och hatfulla skrifter han därifrån riktade mot Gustav berättar om starka känslor av svek och bitterhet mot den kung som han tjänat under många år.

Han bytte nu sida helt och i brev som han skrev till smålänningarna uppmanar han dem att göra uppror mot kungen och istället satsa på den unge Nils Sture och Sören Norby. Han påstod också att kungen höll Sten Stures son och Kristina fångna på Kalmar och hotade att förgöra dem.[135]

NYTT ÄKTENSKAP

Gustavs kända misstänksamhet fick också Kristina känna av. Han tycks bara nätt och jämnt ha litat på henne och höll henne förmodligen under uppsikt. Jag antar därför att hennes nästa gifte gjordes på hans uppmaning. På så vis skulle han få henne ur vägen för politisk aktivitet. Gustav var en man som lade sig i allt, stort som smått, men han använde sig också av män som stod honom nära och som han uppfattade som lojala. En sådan man var Johan Turesson Tre Rosor. Han var son till Ture Jönsson (Tre Rosor) den man som Kristina förgäves bett om hjälp efter Sten Stures död. Johan var kusin till Gustav Vasa och var, till skillnad mot fadern, oföränderligt lojal mot Gustav och ryckter aldrig med av faderns eller broderns uppror mot denne. Hans far Ture hade under Sten Stures tid varit trogen Stureanhängare men sedan istället vänt sig till Kristian. Med jämna mellanrum engagerade han sig i politiken liksom hans andre son Jöran.

Åter i Sverige

Men Gustav kunde också skilja på person och person. Johan Turesson höll sig fri från Stureanhängarna och hans lojalitet belönades rikligt. I ett äktenskap med Johan Turesson kunde Kristina känna sig trygg och därmed också hennes söner. Kanhända tyckte hon att det var ett pris värt att betala.

Johan hade som ung, redan 1517, gått i krigstjänst under kejsar Maximilian som slog honom till riddare. Han återkom till Sverige samma år som Kristina återkom från Danmark. Johan hade alltså inte upplevt belägringen eller blodbadet.

Trolovning hölls i Uppsala julen 1526. Vigseln ägde rum i den medeltida kyrkan Strö på Kållandsö och bröllopsfesten på den närbelägna Lindholmens gård, Ture Jönssons egendom strax utanför Lidköping, i augusti år 1527. Några närmare upplysningar om bröllopet är inte kända förutom att kungen ska ha varit närvarande, men det var säkert påkostat och festligt. En äldre berättelse talar om ett bröllopsfölje så långt att det sträckte sig mellan Strö kyrka och Lindholmen ca tre km bort. Stenkyrkan från 1100-talet är mycket liten så den kan inte ha rymt särdeles många gäster.

I morgongåva fick Kristina bland annat Stensholms säteri i Hakarps socken nära Huskvarna och ett tjugotal underlydande gårdar. Paret bosatte sig sedan på Hörningsholm på Mörkö. Några år senare, år 1531, föddes en son som fick namnet Gustav, ett namn som inte varit vanligt varken i släkten Sture, Gyllenstierna eller Banér. Gustav Turesson föddes på Tullgarn men familjen bodde mestadels på Hörningsholm och från 1530, då Johan Turesson blivit hövitsman, på Nyköpings slott. Vid Gustavs kröning i Västerås året därpå dubbades Johan Turesson till riddare och togs också in i riksrådet. Han innehade Nyköpings slott livet ut. Hans far Ture Jönsson Tre Rosor, som då var rikshovmästare, bar riksäpplet i kröningsprocessionen.

Dalaupror

PEDER JAKOBSSON (PEDER KANSLER ELLER PEDER SUNNANVÄDER)

Antagligen någon gång i början av 1522 hade Peder Jakobsson återvänt till Sverige. I februari eller mars 1523 blev han vald till biskop av Västerås, något som han inte var odelat förtjust över på grund av stiftets usla ekonomi. Han beklagade sig också i ett brev till biskop Brask.[136] Ingenting tyder på att han redan under den här tiden sökte sig till upprorsmännen i Dalarna, men kungens misstankar riktades i alla fall mot honom. Redan i september samma år avsattes Peder från sitt ämbete efter bara sex månader. Det är svårt att se riktigt vad som föregick avsättningen eftersom de omtalade breven inte finns kvar. Uppgifterna kommer från Gustavs "skrivande hand" Peder Svart, vars tillförlitlighet är låg. Det var Svart som i sin krönika gav Peder Jakobsson det nedsättande tillnamnet Sunnanväder.

Peder Jakobsson var livet ut trogen Sturarna, i med- och motgång. Han hade arbetat under två Sturar och Kristina, han var bildad, berest och hade allehanda kontakter och behöll hela tiden sina Sturetrogna kontakter, däribland särskilt anhängare i Dalarna. Det var politiskt sett en lättrörlig landsända.

Peder Svart berättar i sin krönika om hur Gustav Vasa på olika vis snappat upp vad han betraktade som illojal brevväxling från Peder Jakobssons sida. Kungens fogdar skulle ha kommit över brev med falska beskyllningar och hånfulla yttranden om Gustav. Vid ett besök i Västerås ställdes Peder till svars, anklagad för majestätsbrott och förräderi. Mäster Knut kom till sin biskops försvar och resultatet blev att båda avsattes från sina ämbeten.

Nu finns det inga belägg för att de omtalade breven faktiskt existerade, bara Peder Svarts påstående om dem. Däremot finns det belägg för att Peder Jakobsson kritiserat Gustavs kyrkopolitik. Särskilt gällde det hans eget stift, Västerås, som drabbats hårt av Gustavs pålagor. Han hade konfiskerat stora delar av kyrkans tillgångar. Det framgår av Peder Jakobssons korrespondens med till exempel biskop Brask att han var upprörd över detta. Hade Gustav inte slagit till så hårt och avsatt honom hade Jakobssons kritik kanske stannat vid den kyrkliga och ekonomiska kritiken. Men nu utvecklades den till något annat och större.

Våren 1524 kom ett möte till stånd i Stockholm mellan kungen och Peder som reste dit mot lovad lejd. Lejden ska, som han själv anger i ett brev, ha givits genom förmedling av Kristina Gyllenstierna och hennes mor Sigrid Banér.[137] I brevet skriver han att Kristina och Sigrid ska ha "förvärvat" lejdebrevet av kungen. Rune Stensson tror att Peder blivit kallad av Gustav, som inte själv skrivit ut någon lejd. Han vågade antagligen inte ge sig iväg utan lejd och bad om hjälp. Peder anger tiden till "fastan". Kristina kom tillbaka till Sverige i januari men de hade alltså redan kontakt.

Efter mötet uppstår en situation som till vissa delar är oklar. Peder Jakobsson lämnar Stockholm men blir tillbakahämtad av Gustavs män. Han avkrävs nu en borgen som han troligen inte kunnat, eller velat betala. Istället fick han ordna löftesmän som utställde en borgen för honom. Denna borgen påstås han sedan ha sagt upp på ett sätt som löftesmännen klandrade. Varför han gjorde det framgår inte men det skulle visa sig vara ödesdigert. Kungen skriver i ett brev från december 1524 att Peder "haffver rympt szin borgan" och begett sig till Dalarna.[138] Han hade under mötet i Stockholm också blivit tvungen att lova att inte "stämpla med bönderna" mot Gustav.

Någon gång under år 1525 gav sig Peder Jakobsson och mäster Knut till Dalarna för att anstifta en resning mot kungen. Enligt Gunnar Westin vittnar det om "en märklig självöverskattning och en total felbedömning av den politiska situationen i landet."[139] Med dem reser också Peder Grym, tidigare fogde hos Gustav Vasa men dessförinnan i Sten Sture den yngres tjänst. Man fångade dalfolkets intresse och fick stöd på vissa håll, framför allt hos vissa präster som, liksom Peder Jakobsson, vände sig mot Gustavs förändring av kyrkan och den nya läran.

Men snart måste Peder ha känt marken bränna under fötterna och han gav sig då iväg till Norge och ärkebiskop Olav i Trondheim. Väl där fick han inget gehör men fick ändå stanna. Gustav i sin tur begärde att de oppositionella skulle utlämnas från Norge. Han skrev till det norska riksrådet, ärkebiskopen och även till den danske kungen Fredrik I.

Det finns inga belägg för att Peder Jakobsson skall ha försökt använda sig av Kristina Gyllenstierna för att få dalabönderna med sig, men enligt Westin[140] försökte han använda Kristina som lockbete för att få dalfolket att gå med på ett uppror. Om det i så fall var med hennes vetskap och godkännande vet vi inte, men tanken låg nog nära till hands för en man som varit Sten Stures kansler.

Gustav hade samlat omkring sig just de män som varit Sturarnas fiender, män som varit lojala mot Kristian II. Gustavs sekreterare och nära medarbetare Laurentius Andreæ var en av dem som dömt i kätteridomstolen, en dom som ledde till Stockholms blodbad. Han hade lång tid därefter stött Kristian II. En sådan man hade Gustav nu vid sin sida medan han åsidosatte de Stureanhängare som hela tiden varit lojala mot Sverige. Till dem hörde mäster Knut Mikaelsson, domprost i Västerås stift. Han hade valts av ett enhälligt domkapitel i Uppsala till ny ärkebiskop men Gustav vägrade godkänna valet och Mäster Knut tvingades tacka nej. Istället blev Gustavs kandidat Johannes Magnus vald.

MÄSTER KNUT

Mäster Knut, Knut Mikaelsson, hade i början haft ett bra samarbete med Gustav. Ett tag fungerade han som Gustavs kansler och ungefärligen från årsskiftet 1521/1522 hade han utnämnts till domprost i Västerås. Det var också han som föreslog att Gustav skulle väljas till kung på riksdagen i Strängnäs i juni 1523. Men när Gustavs misstänksamma blick föll på Peder Jakobsson så föll den också på hans domprost. Mäster Knut hade kommit till sin biskops försvar och även han avsattes.

ALLMOGENS KLAGAN

Allmogen i Dalarna ville framför allt inte ha tillbaka Gustaf Trolle som ärkebiskop, och man skickade en skrivelse till kungen i februari 1522 där man sade att om Trolle kom tillbaka, genom kungens försorg, kunde man inte längre hålla den "huldskap och trohet" som man lovat honom.[141] Man klagade också över dyrtid och skatter och skrev att som läget var fick man kanske sätta nyckeln i dörren och gå, det vill säga från hus och hem.[142] Rune Stensson tycker sig känna igen vändningar i brevet från Tuna som tyder på att Peder Jakobsson haft sin hand med i formuleringarna.[143]

Dalauppror

Många hundra år senare fångar Karlfeldt stämningen hos dalfolket:

> Du svor oss, konung Gustav, med många dyra eder
> att skydda våra fäders tro och våra gamla seder.
> Nu höra vi om lutheri
> och nygjord gudadyrkan
> och se ditt stora rofferi
> från klostren och från kyrkan.

I maj 1525 skrev folket i Dalarna till Gustav och denna gång i alltmer oförsonlig ton.[144] Han påminns om hur dalfolket hade hjälpt honom, om sin kungaed och om hur han tagit de klenoder som skänkts till gudstjänstbruk och sedan förskingrat dessa ur riket. Man framhåller särskilt behandlingen av "den ärliga, goda kvinnan fru Kristina" som kungen ska ha gripit och hållit fängslad, och hennes son Nils ska han ha fördrivit ur landet. Brevet avslutas med ett ultimatum. Om inte kungen gör bättring, överger förrädare, ger fru Kristina fri och skapar bättre köpeförhållanden i landet så kan man inte längre hålla den "tro och huldhet" man lovat honom. Passusen om Kristinas fångenskap är lite svårförklarad. Jag har inte funnit någonting som kan belägga att det verkligen var så. Troligen var det bara ett rykte som nått folket i Dalarna; eller så kanske det avsiktligt hade använts just för att förstärka upprorskänslor.

Till att börja med skickar Gustav brev, inte bara till Dalarna utan också till andra landsändar, för att förklara varför vissa varor blivit dyrare och skatterna högre. Han påpekar allt gott han har gjort för svenska folket och att pengarna gått till detta. Framför allt har han ju behövt pengar till det lybska lånet, hävdar han. Till Dalarna vill han nu ändå skicka 20 läster salt, som var en bristvara, men framför allt varna dem för att lyssna på upprorsmän.

Stämningen blev allt mer upprorisk och i fyra av socknarna, Mora, Orsa, Leksand och Rättvik, höll man möten och förhandlade med varandra om vad man skulle göra. Man skrev ett brev med ganska skarpa ordalydelser till kungen. Han bjöd då in till en riksdag i Västerås i juni 1527, en riksdag som blivit känd som reformationsriksdagen. Riktigt hur långt kungens planer på reformation hade avancerat vid den här tidpunkten är osäkert men klart är att han förstod att det gällde att gå försiktigt fram. Hans sätt att inleda reformationen var egentligen både genialt och typiskt för honom. Han började med pengarna. Det hade fördelen att hans egen kassa stärktes rejält samtidigt som kyrkans och prästerskapets minskade. Utan den ekonomiska makten var kyrkan lättare att hantera för honom. Somliga ur det högre prästerskapet avgick nu av fri vilja. De hade inte för avsikt att lämna den katolska tron. Till dessa hörde biskop Brask och ärkebiskop Johannes Magnus, som helt enkelt inte återvände efter ett uppdrag i Polen.

För att få sin vilja fram tog kungen på mötet till en metod han med framgång använt tidigare. Han hotade med att avgå. Det var inte vad mötet ville. Men hotet fick planerad effekt och kungens makt stärktes, särskilt den ekonomiska. Han ställde det fattiga, skuldtyngda landet mot den rika kyrkan. För att få adeln med på noterna skulle man nu få tillbaka de gods och gårdar som donerats till kyrkor och kloster sedan mitten av 1400-talet.

I augusti 1525 får flyktingarna stöd från Västeråsbiskopen Peder Månsson. Han skriver till den norske ärkebiskopen Olav och ber honom se på Peder Jakobsson och mäster Knut med välvilja.[145] Han ber också att ärkebiskopen inte skall tillåta att "de oskyldigt förtrycks". Stensson tyder ordalydelsen som en förtäckt uppmaning att inte utlämna dem till Gustav Vasa. Men i februari 1526 bestämmer sig det norska

Dalauppror

rådet för att ge Gustav besked att om han låter flyktingarna komma till Sverige i trygghet och framföra sin talan så stöder man det.[146] Gustav svarar att jodå, visst ska de få lejdebrev och om de befinns oskyldiga så får de förstås återvända tryggt till Norge. Ärkebiskop Olav beslutar då att utlämna en av flyktingarna, mäster Knut, med ytterligare krav på en rättvis behandling och denna gång specificerar han att den ska ske inför kyrkliga domare. Stensson tror att man från norsk sida för säkerhets skull avvaktar med att utlämna också Peder Jakobsson, som hade mer emot sig.

Men Gustav bortsåg helt från kraven. När mäster Knut väl kommit till Sverige ställdes han genast inför rätta i en civil domstol bestående av riksråd. Knut anklagas för uppenbart förräderi och hans egna brev anförs mot honom. Han anklagas för att tillsammans med Peder Jakobsson försökt uppvigla först Dalarna och sedan resten av riket att gå emot kungen i ett uppror.

Knut fälls i augusti 1526, men rådet ber kungen visa överseende med den dömde. Men Gustav slår bort det med att det inte så lätt låter sig göras. Till Norge låter han nu rådet skicka en skrivelse med innebörden att om man från norsk sida utlämnar också Peder Jakobsson, Peder Grym och kyrkoherden i Mora herr Jakob så skall Gustav gärna tillmötesgå den norska ärkebiskopens önskan vad gäller mäster Knuts öde. Stensson frågar sig varför de svenska prelaterna inte skyndar till sin kollegas försvar men ser en möjlig förklaring.[147] Strax före rättegången, närmare bestämt bara en eller två dagar, har man diskuterat hur stor summa kyrkan skulle lämna ifrån sig till kungen och som av en tillfällighet har kungen just gått med på att väsentligt sänka beloppet. Att i det läget gå emot kungen har säkert upplevts som mycket otaktiskt.

I Norge avvaktade Peder Jakobsson, men inte så länge. Han gav sig iväg från Trondheim till fru Inger Ottesdotter på Östråt (Austråt) men blev efterspanad och några månader senare förs han till ärkebiskopen som i september 1526 utlämnar honom till den svenske kungen. Det blev ett sorgligt återtåg. Gustav gör ett spektakel av det hela. Han låter föra den f. d. biskopen Peder och f. d. domprosten Knut sittande bakvänt på eländigt magra hästar och klädda i trasor genom Stockholms gator till Stortorget där de ställs vid skampålen.

Rune Stensson anser att Gustavs agerande handlade om Kristina Gyllenstiernas återkomst till Sverige som kungen upplevde som ett hot, och jag är böjd att hålla med.[148] Konstellationen Kristina–Peder Jakobsson var nog inget som tilltalade Gustav. Han kunde inte agera så drastiskt mot Kristina, som fortfarande hade ett starkt stöd bland de kvarvarande Stureanhängarna, men stödet för Peder Jakobsson var av olika skäl betydligt svagare. Man får säga att Gustav med viss framgång "höll rent" kring Kristina och eftersom han också såg till att ha henne i sin närhet eller i pålitliga lojala personers närhet så tolererade han henne och gav henne också förmåner. Men några risker tog han inte.

Han ställde för övrigt också egna anspråk på återbetalning av diverse skulder från Peder till statskassan. Även om de ovan omtalade breven med förklenande omdömen om kungen inte kan beläggas så framstår det som troligt att Peder Jakobsson hade kritiserat kungen och hans förehavanden och att det på olika vägar nått Gustav. Den 18 februari 1527 dömdes Peder Jakobsson i Uppsala till "stegel och hjul" och avrättades under nesliga former. Gustav själv var åklagare. Mäster Knut dömdes den 9 augusti 1526 och avrättades den 21 februari 1527 i Stockholm.

Dalauppror

NILS STENSSON STURE – SORGEBARNET

Att Gustav efter erövringen av Kalmar tog Nils till sig vid sitt hov är knappast förvånande. Här hade han bäst kontroll över pojken och kunde samtidigt försäkra sig om att ingen annan lade beslag på honom. Det är oklart hur länge Nils vistades vid hovet. Under en tid togs han om hand av Johannes Magnus, ärkebiskop sedan 1523, som försökte förmedla lite bildning och kunskap till Nils. Värt att påpeka är att ärkebiskopen egentligen aldrig lämnade sin katolska tro.

Men det visade sig snart att det inte var någon underdånig och lätthanterlig ung man kungen fått i sitt hov. Nils brokiga uppväxt hade format en egensinnig och i Gustavs ögon bångstyrig tonåring. Gustav försökte, enligt egen utsago, med både hot och stryk men utan framgång, och då ledsnade han. Han skrev ett brev till Kristina där han klagade över Nils bristande vilja att vara kungen till lags. Nils drar sig undan och uppför sig inte som Gustav väntat av en page och kungen vill därför skicka hem honom till Kristina. Det finns två brev från Gustav till Kristina som tydligt visar kungens irritation.

Det ena är daterat den 22 mars 1527, det andra den 2 april samma år. I slutet av det förstnämnda brevet skriver Gustav att Nils begärt kungens tillstånd att "försöka sig i Tyskland".[149] Det vill kungen gärna tillåta med motiveringen att Nils kanske lättare där hos främmande "herrar och furstar" skall lära sig ett "tuktigt umgänge" och "besinna sig och bli till gagn och heder i framtiden". Om Tysklandsplanerna har vi bara Gustavs ord. Kanske var det snarare han som ville få Nils på lite avstånd. Brevet har han adresserat till "frw Cristin på Vænagarn", det vill säga Venngarn. Någon gång under året 1527 avled Kristinas mor Sigrid som var bosatt där. Kanske var det i samband med hennes sjukdom eller död som Kristina var där. Sigrids dödsdatum är okänt.

Det andra brevet börjar:

> Vi sänder Eder son Nils till Eder efter hans egen
> begäran, väl märkandes att han kan ganska föga for-
> mera sig i tukt och goda seder hos oss. Där han gan-
> ska ringa vill akta sin tjänst och har platt ingen kärlek
> att vara vid handen, där vi äro, utan hellre undviker
> och drager sig ifrån oss, huru han det bekomma kan,
> ändock det är oss emot, och vi därföre honom straf-
> fat hava med ord och skälig aga. Synes för den skull
> rådligt vara, att I på någon tid sen honom före på ett
> annat ställe, där han kan yttermera förbättra sig, icke
> fördrivandes tiden så onyttigt.[150]

Ingen förälder vill förstås få ett sådant brev, särskilt inte från någon som skulle kunna främja sonens framtid. Man kan tänka sig att Kristina genast började fundera på vad som vore bäst att göra med den trotsige sonen. Frågan är vad som händer sedan. Reste Nils hem?

Brevens dateringar skapar problem, eftersom kungen redan den 2 mars hade varnat dalfolket för att sätta tro till den "skalk"[151] som utger sig för att vara Nils (se nedan s. 165). Formuleringen i det brevet visar, enligt min mening, att kungen i det här läget är osäker på "skalkens" identitet. Om Nils hade varit hos honom då hade man kunnat vänta sig att han använt det som argument för att "skalken" inte kunde vara Nils. Och om han inte befann sig hos kungen den 2 mars blir det oförklarligt att han så sent som i april skriver till Kristina att han skickar hem Nils.

Lars-Olof Larsson anser därför att brevet av den 2 april måste ha arkivlagts på fel datum, medan det senare brevet kan vara riktigt daterat.[152] Dateringarna står inte i den bevarade brevtexten, utan breven, i form av avskrifter, har ibland flera år senare arkivlagts till vissa datum. Enligt Larsson finns det många exempel på att brev arkivlagts under fel datum.

Det gjordes ibland långt efteråt och man lade dem buntvis efter dateringsort. Brevet av den 2 april bör enligt Larsson ha skrivits före mars månads ingång. Han anser att den nya ordningsföljden på breven stämmer bättre med innehållet. Jag håller med om det. Jag tror att det brev som handlar om att skicka hem Nils bör ligga först och att det kan ha skrivits redan i början av februari. Oroligheterna i Dalarna blev uppenbara redan vid årsskiftet 1526/27. Om man med ledning av bland annat kung Gustavs brevskrivning tittar på hans uppehållsorter så framgår att han vistades på Gripsholm i början av februari, närmare bestämt 2–9 februari. Efter ett par dagar på Svartsjö slott beger han sig till Uppsala där han stannar ända till den 9 mars. Avrättningen av Peder Jakobsson skedde den 18 februari i Uppsala och kungen agerade själv åklagare. Det finns all anledning att tro att den spektakulära avrättningen med svärd, varpå följde stegel och hjul, genast blev känd. Min tanke är att Nils inte befann sig i kungens omedelbara närhet under denna tid. Gustav hade ett stort hov och delar av hovet följde med honom på de ständiga resorna, men inte alla. Somliga lämnades kvar på slottet och han tog med sig dem han behövde allt efter ändamålet med resan. I brevet klagar kungen på Nils uppträdande, han håller sig undan och sköter inte sina uppdrag. Jag menar att det är fullt troligt att kungen inte tog med Nils till Uppsala. Säkert behövde han hovfolk som bättre skötte sina plikter. Kontentan blir att Gustav kanske inte omedelbart skulle fått veta om Nils helt enkelt avvek från hovet i Stockholm. När brevet till Kristina om att han skickar hem Nils skrevs behöver denne inte ha varit i hans närhet.

Den 11 mars var Gustav åter på Gripsholm. Han hade haft tid att fundera över Nils fortsatta karriär. Den unge mannen var uppstudsig och ville inte lyda. Med tanke på hans tidiga koppling till Peder Jakobsson och att han var en Sture blir det begripligt att Gustav gärna ville ha honom på lite avstånd ett tag. Varför inte skicka honom till Tyskland? Då, någon gång mellan den 11 och 29 mars, skrivs det andra brevet (nu daterat till den 22 mars).

VAR BEFANN SIG NILS?

Någon gång under tidig vår tycks Nils ha försvunnit från Gustavs horisont. Kanske ville han inte resa hem till ett Hörningsholm som egentligen aldrig varit hans hem, och en ny styvfar, och kanske ville han inte heller skickas till Tyskland för "lite pli". Det är inte otroligt att han hade egna planer för sin framtid. Säkert hade han återkommande hört berättelser om fadern och hans kamp för att hålla Sverige fritt från danskar. I de Sturevänliga kretsarna hölls Sturenamnet högt och fadern sågs som en hjälte som dött för sitt land. Det fanns krafter som ville föra fram honom som den nya Sture och för en 14-åring med hans bakgrund låg det nog en tjusning i tanken att höja upprorsfanan. Min egen gissning är att hans mamma Kristina vid det här laget redan hade avrått, eller skulle komma att avråda honom och att Nils var väl medveten om att han inte skulle få stöd i några upprorstankar från henne. Vad han tänkte och gjorde under den här korta mellantiden är inte känt. Man kan bara spekulera.

Den trogne Stureanhängaren Peder Jakobsson, en man som Nils haft i sin närhet sedan barndomen, en man som hållit hans far högt och kanhända ofta framhållit den tonårige Nils öde som redan utstakat, var död, dömd av kungen. Dessa båda äldre herrar, Peder Jakobsson och mäster Knut, hade visat sig ha en högst orealistisk föreställning om sina möjligheter till uppror men de hade haft en erfarenhet och kunskap som Nils inte hade. Jag tror att deras öden grep den unge Nils hårt och kan ha förstärkt en känsla av att någon måste ta upp deras mantel. Det skulle inte förvåna mig om han kände ett djupt hat till Gustav.

Det finns ingenting som tyder på att Nils verkligen skickades till Tyskland, men vart tog han vägen? Kanske gav han sig direkt iväg till Dalarna där det tydligaste stödet för Sturarna fanns. Från denna tid finns inga säkra belägg för var Nils befann sig.

15. Daljunkerns sigill med Nils Stures namn och släkten Natt och Dags vapen, samma som Sten Sture d. y. förde. Från ett brev daterat den 25 nov. 1527 i Norge. Källa: Larsson 2003.

Daljunkern

Någon gång under våren 1527 börjar berättelserna dyka upp om en yngling som säger sig vara Nils Sture, Sten Stures äldste son.[153] Peder Svart gav senare honom beteckningen Daljunkern. Gustav omnämner honom som ofta som "den skalk, som kallar sig herr Stens son". Emellanåt benämns han junker Nils. Själv skriver han sig som Nils Sture, signerar med eget sigill och lyckas övertyga tillräckligt många om sin identitet som en Sture, för att Gustav ska bli orolig.

Riktigt när berättelserna nådde Gustavs öron är inte känt, men med kännedom om Gustavs "kunskapare" dröjde det säkert inte länge. Ryktena gjorde honom säkert brydd. Vem var denne unge man? Var det verkligen Nils? Att kungen var osäker visar att Nils i alla fall inte längre fanns i kungens närhet. Det måste ha varit viktigt för Gustav att i första hand försäkra sig om ynglingens identitet. Han omnämns första gången i ett brev från kungen skrivet den 2 mars 1527.[154] Det var knappt två veckor efter avrättningen av Peder Jakobsson och Mäster Knut.

Den verklige Nils Sture bör då ha varit knappt 15 år. Brevet ifråga är skrivet av Gustav Vasa till dalfolket och det är fullt av förebråelser. Gustav klagar på att dalfolket tredskas med skattebetalning. Han passar också på att förebrå dem för att de beskyddar och huserar upprorsmän och uppviglare (något som han ju själv hade hjälp av en gång för inte så länge sedan). Särskilt varnar han för "den skalk, som det stora rykte utsprider i den landsända där uppe hos eder, sägandes sig vara herr Stens son".

Den 14 april skriver Daljunkern själv ett brev från Malung men adresserat till invånarna i Värmland och Värmlandsberg och uppmanar dem att stödja honom i upproret.[155] Brevskrivaren presenterar sig som "Jag Nils Sture, rätter arvinge till Sverige och härnäst med Guds hjälp hövitsman". Han skriver att dalfolket lovat att hjälpa honom att "avstyra detta ynkeliga skada och fördärv, som nu ligger in uppå detta fattiga riket". Han vänder sig särskilt emot att kyrkor och kloster ödeläggs, att den gamla tron överges men också mot de tunga skatterna. Han ber dem att inte sätta tro till de lögner och skvaller som vill förvända dem och som säger att han inte är den han säger sig vara.

Dalfolket hade fått känna på Gustavs hårda nypor vid ett antal tillfällen och man föll inte utan vidare för locktonerna från denne unge man, som sade sig vara en Sture. Men han fann stöd, framför allt i Mora och Orsa, Tuna och Malung. På flera håll stöddes han av de lokala prästerna, som Jakob i Mora, Lars i Tuna och Olof i Malung. På vissa håll anslöt sig hela socknar som Mora, Orsa och Leksand.

I maj 1527 skriver Daljunkern också till invånarna i Hälsingland.[156] Han meddelar att ting ska hållas i Tuna och uppmanar hälsingarna att sända några från varje socken till tinget. Så sker också men däremot vill man inte resa till det ting som Gustav utlyst till Västerås den sista juni. Men även om hälsingarna inte deltog i det så sändes några män som underhandlare. Möjligen överträdde dessa sina befogenheter när de, tydligen skrämda av Gustav, lovade att upprorets ledare skulle infinna sig på Västeråstinget och där stå till svars. Så skedde inte. Det är överhuvudtaget svårt att få grepp om Daljunkern. Man har de daterade breven att utgå ifrån och där ges datum och plats, men före och efter det är allt oklart. Han tycks ha rört sig i Dalarna under sommaren och möjligen tog han en tur in i Värmland.[157] Vid återkomsten till Dalarna ska han fått hjälp och skydd.[158]

Gustav hade rapportörer överallt och dessa drog sig inte för att lägga beslag på brev som skickades mellan personer som han hade under särskilt bevakning. Vid åtskilliga tillfällen fick han på det viset tidig inblick i vad som var på gång. Jag tror att han anade, misstänkte eller visste att Daljunkern var Nils. Att få en ung Sture-ättling i opposition var en allvarlig sak. Namnet Sture hade fortfarande en viss klang och i mångt och mycket var Gustav bara en efterträdare till det som Sturarna stått för. Tveklöst fanns det fortfarande ett stöd för att åter sätta en Sture högt. Vad beträffar "skalkens" ålder så hade Sten Sture den yngre bara varit 18–19 år när han övertog faderns roll. Om Nils ostört fick hållas med att söka stöd skulle hans ålder snart inte vara ett hinder. Gustav tog inga risker. Han höll nu också ett vakande öga på prästerskapet. Speciellt bland det högre prästerskapet fanns det ännu ett starkt stöd för den katolska läran. Från det hållet kunde upprorsmän möjligen också få både ekonomisk hjälp och visst beskydd.

I maj 1527 skriver kungen till menigheten i Dalarna och förebrår dem.[159] Han skriver även om det stundande mötet i Västerås men också om dem i Dalarna som beskyddar "then vitherligh tiwff [tjuv], skalk, och forredare".[160] Under hela våren fortsatte han att skriva förmaningsbrev till olika socknar. Dessutom lyckades han övertala allmogen och köpmännen i Västergötland att i sin tur skriva till Dalfolket och mana till besinning. Denna skrivelse lästes upp i Mora och Tuna i oktober 1527.

Men Daljunkern var inte längre kvar i Dalarna, han hade gett sig iväg till Norge. Hans mål där var Trondheim. Väl där försökte han få Norges ärkebiskop Olav Engelbrektsson att ge honom lejd. Det lyckades inte men han fick i alla fall stanna i Norge och gav sig då iväg till fru Inger på Östråt, där han fick ett varmt mottagande. Ärkebiskopen skriver i ett brev till Olof Mårtensson, fogde i Hälsingland, att "for hann tiill ffru Ingerdz gaardh och bleff ther wel fægnedt i hennis fraawarelsæ. Och ther töffuidt hann intill viij dage for Martini" ('for han till fru Ingerds gård och blev där väl fägnad i hennes frånvaro. Och där dröjde han intill 8 dagar före S. Martinus').[161]

Gustav skrev därför till såväl den norske ärkebiskopen Olav i Trondheim som det norska riksrådet och begärde att få Daljunkern utlämnad till Sverige. På det svarar ärkebiskopen att han inte alls givit den unge mannen stöd men inte heller hindrat hans resa. Vincens Lunge,[162] danskt och norskt riksråd och befallningsman på Bergenshus, skriver dock till Gustav att han ska ge befallning att Nils Stensson och Peder Grym måste lämna Norge inom åtta dagar.[163]

I juni 1527 skriver Gustav ett öppet brev om en nyligen gjord överenskommelse med fullmäktige från Dalarna om att man bör få Daljunkern att komma till Västerås där en riksdag skulle hållas i slutet av juni.[164] Där skall han inför kung och råd inspekteras. Om det visar sig att "then goda quinna ffrw Cristina" erkänner honom som sin son ska han få förlåtelse och kungen skall "tagha honum til venskap igen", i annat fall skall honom ingen orätt ske "vthan thet godemen finna ath lagh oc retth vthuisa", varmed säkert förstås ett gruvligt straff.

Några dagar senare utfärdar kungen en lång framställning till rikets ständer där han bland annat tar upp frågan om Daljunkern igen, nu i form av förebråelser mot dalfolket som han menar skyddar en tjuv.[165] Kungen brer här på lite om Daljunkerns bedrifter och anklagar honom för att ha tagit upp kungens skatt och avrad och dessutom skinnat och gripit hans tjänare. Frågan om Daljunkern upptar en tämligen stor plats i framställningen. Kanske kan man undra över att den mäktige Gustav oroade sig över en tonårig pojkes framfart, men värt att hålla i minnet är att Gustav själv bara varit 27 år när han valdes till kung. Då hade han redan hunnit erövra Sverige från danskarna, intagit Stockholm och skaffat sig en kungatitel. Jag tror inte att han underskattade vad en ung person med ambitioner och goda kontakter kunde åstadkomma.

Gustav Vasa satt nu tämligen stark på Sveriges tron. Historien visar att han obevekligt gjorde sig av med sina fiender och tveklöst höll han redan ett öga på Nils som ett möjligt blivande hot. Det kan inte Kristina ha varit omedveten om.

FRU INGER PÅ ÖSTRÅT

Inger Ottesdatter Rømer (ca 1475–1555) hörde till den norska adeln och var storgodsägare. Henrik Daae talar om henne som den sista representanten för den norska högadeln. Genom gifte och arv satt hon på den norska borgen Austrått (Östråt) nära Trondheim.

Under makens levnad hör vi inte om några aktiviteter från hennes sida. Men år 1523 blev hon änka med fem döttrar och fick då egen rådighet över sin ekonomi. Hon ansågs som en av de rikaste kvinnorna i Norge och under några år var hon högst aktiv inom den norska politiken, men hon fick också intresse för den svenska politiken. Som en röd tråd jämsides med hennes politiska intresse gick också intresset för hennes egen och döttrarnas makt och ekonomi. Hon såg till att gifta bort dem med lämpliga män, som hon sedan stödde på olika sätt, även med pengar och egendomar. Genom de fem döttrarna och deras äkta män och sin stora förmögenhet såg hon uppenbarligen en möjlighet att kunna påverka politiskt. Hur intresserade döttrarna var av detta framkommer inte. Det hon ville uppnå var att stärka de norska intressena gentemot de svenska och danska.

Om det var genom Peder Jakobsson eller på annat sätt som hon fick kännedom om Daljunkern är svårt att säga. Men hon tycks ha sett en möjlighet att göra något både för sitt land och sin egen familj. Tillsammans med sin svärson Vincens Lunge började nu fru Inger göra upp planer. Lunge, som hade en karriär i Danmark bakom sig som doktor i kyrkorätt, romersk rätt och filosofi, hade varit professor och rektor vid Köpenhamns universitet. Han var gift med Ingers dotter Margareta, som han troligen träffat i Danmark den tid hon var hovdam hos drottning Elisabeth. Där hade Lunge också åren 1521–1523 träffat Nils Sture, som då var ett barn, och försäkrade att han nu kände igen honom som Daljunkern. Han, liksom flera andra, hade sett Nils under ett par års tid under moderns fångenskap.[166]

I Ingers nypåtagna intresse för politik passade Daljunkern väl in och hon beslöt att stödja hans planer på att få bort Gustav Vasa. Med Daljunkern på Gustavs plats skulle hon kunna påverka svensk politik och därmed också norsk. Som ett led i det planerade hon nu också att gifta bort sin dotter Eline med Daljunkern, som hon var övertygad om var Sten Stures äldste son. Hennes dröm tycks ha varit att dessa två sedan skulle styra Sverige, antingen som riksföreståndarpar eller från tronen som kungapar.

Daljunkern tycks ha varit hos henne på Östråt från hösten 1527 till våren 1528.

Daljunkern

VISSTE KRISTINA?

Under tiden i Sverige måste Kristina, liksom alla andra, ha fått underrättelser om ett begynnande uppror och om den så kallade Daljunkern. Kände hon till hans identitet? Om Nils inte var hos henne måste hon väl ha anat, misstänkt och befarat att det var hennes son det handlade om? Var höll han hus? Efter Peder Jakobssons och mäster Knuts avrättning måste hon ha sett med skräck på utvecklingen. Kunde hon på något vis ta kontakt med sin son? Jag föreställer mig att även om Nils var upptänd av idealism och tankar på ädelmodigt uppror mot tyrannen Gustav, så skulle han inte dra in sin mor i sitt äventyrliga och riskabla företag. Det bästa sättet att skydda henne var att hålla henne helt utanför. Inga brev, inga meddelanden som kunde snappas upp – ingenting. Kanske avsaknaden av tecken på kontakt dem emellan under denna tid beror på hänsyn från hans sida. Det kan också mycket väl vara så att hon avrått, bett och bönfallit honom att låta bli. Vilken förälder skulle inte göra det? Kanske trodde hon att det kunde skydda sonen om hans identitet som Daljunkern inte avslöjades. Hon måste ha varit förfärligt oroad och rädd för vad som skulle hända Nils, men hon hade en son till. Kanske var hon rädd att också han skulle dras in.

ETT FALSKT RYKTE

I början av november 1527 spreds i Norge plötsligt ett rykte om att den svenske kungen var död.[167] Det är oklart varifrån ryktet ursprungligen kom. Men det fick en omedelbar i effekt i Norge. Om det har ärkebiskopen själv berättat. Glädjen blev stor och man satte genast igång med att planera för Daljunkerns återresa till Sverige. Han skulle utrustas med vapen och krut och kontanter.[168] Planen var att norrifrån gå ner i Sverige och på vägen få upprorsmän från Jämtland,

Hälsingland och Dalarna att ansluta sig, för att sedan ta sig till Stockholm.

Däremot verkar ingen ha kommit på idén att undersöka om ryktet om kungens död var sant! I början av december var förberedelserna klara och Daljunkern gav sig iväg mot Sverige. Så säker kände han sig, eller kanske snarare de andra, att han skrev ett brev där han berättar att han lovat ärkebiskop Olav i Trondheim, Vincens och Ove Lunge att vara en trogen vän till både Danmark och Norge och att han, när han kom till makten i Sverige, skulle ge tillbaka Viken, det vill säga Bohuslän, till Norge.[169]

I början av december var man klar för avfärd. Man tog vägen över Jämtland och fru Ingers svågrar Vincents Lunge och Erik Ugerup följde med, liksom Peder Grym. I Jämtland dröjde man sig kvar ganska länge, möjligen, som Folke Lindberg skriver, för att få till stånd ett större jämtländskt folkuppbåd.[170] Ett annat skäl kan ha varit att få tid till att utarbeta proklamationer som skulle läsas upp för folket. Efterhand förstod dock åtminstone Lunge och Ugerup att företaget hade små chanser att lyckas och de båda drog sig ur ett aktivt ledarskap. Det stod också klart att den svenske kungen inte alls var död.

Inte långt därefter blev det uppenbart att upproret skulle misslyckas och man bröt upp och upprorsmännen skingrades. Daljunkern återvände till Trondheim. Under tiden använde sig Gustav Vasa av sin vanliga taktik att oskadliggöra en efter en av de upproriska. Små snabba räder gjordes in i Dalarna och under de första månaderna in på 1528 togs flera män som överlämnades till Gustav, bland andra Peder Grym. Peder Grym rannsakas den 22 april 1528 inför Stockholms rådhusrätt anklagad för att ha planerat förräderi mot kungen tillsammans med Daljunkern.[171]

Protokollen från förhören med Grym, där han också erkänner sin skuld till att ha deltagit i upprorsplanerna, finns i behåll. Han avslöjar där åtskilliga detaljer från upprorsmännens planer, troligen i förhoppningen om att få den nåd han begärt. Men det hjälper honom inte. Han döms till döden och avrättas.

Grym kom bl. a. med den intressanta upplysningen att "junker Nils" i Trondheim skall ha fått löften om hjälp med skepp för att kunna inta Kalmar och Öland.[172] Hjälpen skulle ha kommit först till sommaren.

I januari 1528 skriver Daljunkern till folket i Dalarna.[173] Han adresserar brevet till "inbyggarna i Siljansdalen, Västerdalarna och Bergslagen" och försäkrar att han är äkta son till Sten Sture, fordom riksföreståndare, och uppmanar folket att resa sig mot kungen och i stället följa honom. Han jämför det "våld och regemente" som Gustav fört från första stund med det kristliga, milda och lycksaliga regemente som hans far Sten Sture fört. Han skriver att kung Gustav i sitt styre varken hållit ära, redlighet, tro, lag, brev eller sigill och att han besmittat och förnedrat den heliga kristna tron. Han klagar på att Gustav, så snart han kommit till makten, "kvad samma visa som kung Cristiern". Daljunkern ger också en släng åt de tyskar, bland andra greve Hoya, som kungen givit olika uppdrag, särskilt som fogdar, och hur de skattat den fattiga allmogen för att sedan dra till Tyskland "med taskan full" medan de fattiga lämnats i armod. Men nu vill han själv ta upp faderns milda regemente och ber dem stå honom bi som vill våga "lijff, halss oc välfärd" och frälsa dem och sitt fädernerike.

Också ärkebiskop Olav fattade pennan och skriver till kung Fredrik i Danmark.[174] Han redogör för Daljunkerns vistelse i Norge hösten 1527 och våren 1528. Han kallar honom "junckær Nils som seg kalles hær Steins son ath varæ". Brevet rör bland annat förhållandet mellan Daljunkern och Fru Inger på Östråt, hennes svärsöner och dotter Elin som förlovats med Daljunkern (mot hennes vilja sägs det). Men också om Daljunkerns intåg i Jämtland i sällskap med Vincens Lunge och Ugerup och hur de därefter sände honom med "bössor och krut" in i Dalarna. Detta bekräftas av en odaterad skrivelse från 1528 som berättar om gåvor som Daljunkern skall ha fått i Norge.[175] Skrivelsen lämnades till kung Fredrik av Gustav Vasa som ondgör sig över gåvorna. Här berättas om:

> 10 karlar och ett dussin "hakebysser" (bössor) samt en stor förgylld halskedja, allt från ärkebiskopen.
> Från herr Knut Dæken i Trondheim en guldring.
> Några kaniker från Trondheim hade skänkt en summa pengar och kläder.
> Herr Asmund har givit en guldring.
> Doktor Vincensius (Lunge) skänkte en armring av guld.
> Erik Ugerup en *swidzere* (ett schweiziskt svärd) beslagen med 100 lod silver eller mer.
> Fru Ingerd hade sänt honom 10 hakebysser och ett "flugelz bonedt"
> eftersom han skulle få hennes dotter.
> Fästmön Eline på Östråt skänkte honom skjortor.

Här tillägger Gustav surmulet att om fru Inger velat förse sin dotter med en svensk man så hade hon väl kunnat hitta någon som var hennes like. De norska jungfrurna borde då rakt inte nöjt sig med en "skalk och förrädare". Vad beträffar gåvorna skriver Daae om andra gåvor som skall ha getts till Nils av "förnämt folk" i Trondheim.[176] Fru Inger ska ha skänkt honom 150 gyllen och 100 mark och dessutom prytt hans huvud med en "Fløiels Barret", förmodligen en fjäderprydd hatt. Antagligen den som nämns som "flugelz bonedt" i listan ovan. Olaf Ingebrigtsson (ärkebiskopen?) skänkte förutom en skjorta en stor förgylld halskedja och andra personer gav varsin guldring. Det framgår att han åtnjuter stort förtroende hos vissa framstående personer i Norge.

Vad beträffar listan blir jämförelsen med en annan lista som gjordes upp i Rostock ett halvår senare intressant, men mer om det längre fram.

Gustav krävde åter Daljunkerns omedelbara utlämnande från Norge. I ett brev daterat i februari 1528 till den norske ståthållaren Vincens Lunge begär han att Daljunkern ska utlämnas från det rövarnäste som han menar att Norge blivit. Brevet är långt och hållet i en påfallande arg ton och han omnämner där återigen Daljunkern som "then skalk ther sig kallar och kalla låter her Stens son".

Vincens Lunge förblev avvisande, men kung Fredriks reaktion blev den motsatta. Han var inte beredd att låta Daljunkerns väl och ve störa relationen med Gustav. Dessutom passade det honom bra att trycka till den spirande norska självständighetsviljan som han tyckte började ta sig för stora former. Vincens Lunge, som nu inte längre gjorde sig några förhoppningar om framgångar för Daljunkern i Sverige, var inte helt beredd att skada sitt eget förhållande till kung Fredrik. Daljunkern började bli en belastning. Lunge skriver till Gustav att han genast skall skicka iväg "herr Stens son Nils Sture" till Tyskland och sedan till kung Fredrik.[177] Men samtidigt försäkrar han att Daljunkern verkligen är den han utger sig för att vara, Nils Sture: "Både jag och flera andra, som sett och känt denne unge man i Danmark vid den tid då hans moder och andra goda kvinnor för Sveriges rikes skull var fångar, vet att han visst är herr Stens och fru Kristinas son." Och, lägger Lunge till, "ethers nådis egien modersystersson" (ers nåds egen mosters son). Vidare skriver han att om gossen förnärmat kungen så beror det på ungdomens bristande vördnad och oförnuftighet. I smickrande ordalag ber han kungen ha överseende och se med nåd på den unge mannen.

Enligt Gottfrid Carlsson trodde både Lunge och Inger att Daljunkerns identitet skulle kunna fastställas bortom alla tvivel om han kom iväg till Danmark.[178] Nils yngre bror Svante befann sig vid denna tid i Århus där han tjänstgjorde under biskop Ove Bille, och han kunde naturligtvis intyga att Nils var hans bror. Fru Inger på Östråt skriver ett långt brev[179] till ärkebiskop Olav av Trondheim om hur Per Kanzeler (Peder Jakobsson) och Peder Grym och flera andra som känt både Nils och hans far inte kan ha misstagit sig på identiteten. Även Vincens Lunge skriver i ett brev till ärkebiskop Olav i Trondheim att Peder Grym "kände honom väl".[180] Han skriver också att bud har skickats till hans mor om ytterligare vittnesbörd och att han nu tänker skicka Nils, som han fortfarande ser som Sten Stures son, till Skottland med "mind moderss skyff" (min mors skepp). Brevet handlar för övrigt till stor del om varför ståthållaren Lunge, de norska riksråden och biskoparna inte kan, läs vill, komma till den danske kungens kröning i Oslo samt ett möte i Kungälv mellan kung Fredrik och den svenske kungen.

JÖNS HANSSON?

Enligt Lindberg[181] dyker namnet Jöns Hansson upp först i mars 1528. Han utpekas nu av Gustav som Daljunkern. Jöns Hansson var en verklig person.[182] Han hade varit i tjänst hos Peder Jakobsson och följt med denne till Norge. Där blev han kvar och fick sedan tjänst som källardräng hos ärkebiskop Olav i Trondheim. Han uppgav själv i senare förhör att han var född mellan Västerås och Kopparberget. Enligt Inger på Östråt var han i trettioårsåldern. Folke Lindberg ger en förklaring till hur han kom att utnyttjas efter att först ha "uppfunnits" av Gustav Vasa och Peder Svart. Att Gustav ville ha bort kopplingen Daljunkern – Nils Sture är uppenbart. Att utpeka en dräng i Peder Jakobssons närhet blev lämpligare. Det är också det namn som Gustav senare använder i korrespondensen med Rostock.

16. Panoramabild över Rostock av Franz Hogenberg 1597.
Källa: Wikimedia Commons

Slutspel i Rostock

MOT ROSTOCK

För att lösa situationen satte Lunge i maj månad 1528 Daljunkern på ett privat handelsskepp mot Danmark under uppenbart bristfällig bevakning.[183] Det utnyttjade Daljunkern till att rymma från skeppet när det tillfälligt angjorde Marstrand och därifrån ta sig ombord på en båt med destination Rostock. Om han verkligen ville dit eller om slumpen avgjorde att det blev just Rostock är oklart. Det exakta datumet för Daljunkerns ankomst är inte känt. Väl i Rostock blev han väl mottagen och med Carlssons ord behandlad som "en riddersman anstod".

GYLERS UPPDRAG

Under 1528 försämrades kung Gustavs förhållande till Lübeck avsevärt på grund av den stora skulden, som fortfarande till stora delar var obetald trots ideliga påtryckningar. Man började förlora tålamodet, egentligen både med Gustav och den danske kungen Fredrik I, som båda fått stor hjälp av Lübeck men nu ansågs otacksamma. I bakgrunden lurade Kristian II, som ingalunda gett upp hoppet om att återta tronen i de nordiska länderna. Ett spirande intresse för hans sak fanns hos såväl de nordtyska hansestäderna som i Holland. Kristian II:s planer fick visst stöd och man lät förstå att planerna inte skulle motarbetas. Berend von Melen, som nu var Gustavs svurne fiende, engagerade sig nu för Kristians sak. Läget började bli bekymmersamt för Gustav som samtidigt hade de inrikespolitiska klagomålen och småupproren att hantera. Borgarna i Lübeck hade till och med uppvaktat stadens råd där och meddelat att man tänkte ta kontakt med de upproriska grupperna i Dalarna och Hälsingland, något som måste ha irriterat Gustav storligen.[184] I ett brev som Herman Iserhel skrev till kung Gustav från Lübeck framgår det att folket där och i Rostock tror att Daljunkern är Nils Sture:

> Ni skall veta, allernådigste herre, att jag har varit i Rostock med Hans van der An på anmodan av Alf Greverad, vilket jag gärna gjorde till Eders kunglig höghets ära och för rikets bästa, för att se Dalkungen, den skälmen, för att man här och i Rostock skulle få folket att överge drömmen. Man kunde tidigare inte på annat sätt övertyga dem, de höll fast vid att det var herr Stens son, junker Nils. Nu, sedan jag varit där, har de dödat den skurken.[185]

Till allt detta kom Gustavs planer på ett äktenskap med en tysk prinsessa. Han lade nu på sin sekreterare Wulf Gyler och sin svåger greve Hoya att lösa alla tre problemen.

När Gustav i juni 1528 fick veta Daljunkerns nya vistelseort med hjälp av Gyler skrev han till rådet i Rostock för att få Daljunkern utlämnad, alternativt ställd inför rätta. En bit in på hösten gav han så Gyler i uppdrag att föra den svenske kungens talan mot Daljunkern vid Rostocks *Niedergericht*.

Gustav skrädde inte orden i sina krav. Han beskrev Daljunkern som en notorisk bedragare och upprorsman, en man ur de lägsta samhällslagren. För att förstärka kraven på utlämning eller fängelse spädde han på med hot om repressalier mot rostockska köpmän i Sverige.[186] Någon vecka senare skrev Gustav igen och nu kommer han med hotelser om att de privilegier Rostock hade i Sverige skulle avskaffas om inte hans krav uppfylldes.[187]

Ytterligare en vecka senare kom Gyler till kungens hjälp. Han hade på återväg från andra uppdrag tagit sig till Rostock och gjort en överenskommelse med stadens råd. Man skulle hålla kvar Daljunkern tills Gustav lagt fram bevis för hans brottslighet.

Gustav skriver själv till Rostock och tackar för det men meddelar att han behöver mer tid till att skicka ner en delegation.[188] Bakgrunden var att ett stort möte planerades med danskarna i Lödöse i augusti och Gustav ville att Gyler skulle delta där. Men efter mötet fick Gyler klartecken att återvända till Rostock. Han hade då av Gustav utrustats med ett kreditivbrev som åklagare i den kommande rättegången. Rostocks borgmästare och råd uppmanades däri också att utlämna Jöns Hansson till Gyler.[189] Även riksråden som samlats i Lödöse utfärdade ett liknande kreditiv, där bestraffning i Sverige uttryckligen nämndes. Den 26 augusti slutligen utfärdade kungen en fullmakt för Gyler som också bemyndigade denne att på hans vägnar utlova skadeslöshet för Rostock för dess åtgärder i saken.[190]

TRE BREV

Mycket i den här sorgliga historien är underligt. Det handlar om tre brev, ett från Gustav till Kristina, ett brev i koncept från Kristina till staden Rostock och ett brev från Kristina till Rostock som avsändes och fortfarande finns där i original.

GUSTAVS BREV TILL KRISTINA

Redan den 7 augusti 1528 skrev Gustav till Kristina med en begäran om att hon i sin tur skulle skriva till råd och borgmästare i Rostock om Daljunkern.[191] Han preciserar också hur hon skall skriva och vissa av meningarna återfinner man nästan ordagrant i hennes brev. Hon skulle dels begära att Daljunkern blev utlämnad, dels att han bestraffades. I början av brevet framkommer att saken redan varit på tal och Gustav påminner nu Kristina om "huro handlat vartt oss emellom om den skalk ther sig benämpdt haffuer här stens och edher son" (hur det överenskommits oss emellan om den skalk som säger sig vara herr Stens och eder son). Han skriver att det vore bäst "att hann måtte siälff komma til swars hijdt i landit igen", det vill säga bli utlämnad. I sitt brev tar Gustav också upp det vanrykte som drabbat henne och andra i både Sverige och utlandet. Han avslutar med att meddela att hennes brev kan gå med hans egen budbärare till Rostock. Enligt Carlsson var det greven av Hoya som förde brevet till Rostock.[192]

KONCEPTET

Konceptbrevet, bevarat i Gustav Vasas registratur men överkorsat,[193] är odaterat och tycks mig vara mer personligt uttryckt än det brev som skickades. Varför det har sparats är svårt att förklara. Kanske var det inte avsikten – någon kan ha varit nitisk och lagt in det bland skrivna brev och där har det blivit liggande. Enligt Carlsson[194] är det skrivet av Gustav som ett utkast; det ger onekligen intryck av att ha gjorts acceptabelt för Kristina till skillnad från det som sedan skickades. Konceptbrevet lyder:

Slutspel i Rostock

Venlig och kärlige helsse altijdt forsändt, Erlige och
forsiktoge gode män kere vener iach haffuer förstån-
det att then skalk sig lygnakteliga kallat haffuer mijn
döde herris her steens och mijn son, är kommen i
edher fängilsse, thet mik och mång godt mann tycker
ganska väl vara att så skeedt är, forhåpandis, att hann
skal få sijn rätto lön the hann fortijäntt haffuer, för
thet opror och obeståndt som hann sig foretagit
hade, bedreffuandis sitt tingest medt lygnaktoghtt tal
och stämppling eij all enast här i rijgit vtan iämwäl i
främande landt, förstedöme och städer, Åff huilcko
både iach och ander flere måtte kommet (som vij
vtan twekan komne äre) i stor mistancke, rop och
rykte, Och ändog han kunne väl ther hos eder stå
sijne näpst for hans misgärningar, Våre dog bätst och
ganska nyttogt, att han måtte forskickes hijdt in i lan-
dit igän, thet iach ganska kärliga begärer och bidher
både för mijna skul så och för mång godt mandz skul
som hann lygnakteliga kommet haffuer i platz och
mistancka på thet iach och the kunne tess bättre göre
våra orsäkt och förclara våra oskyllöghet honum siälff
på hörendis, J huilkke i mig och många flere göre en
stor tijänist och mykit til vilia, eder som mig förhåpes
vtan skada, thet iak och så medt mijna vener altijdt
gärna och kärliga forskuller, Här medt edher

I sammandrag: hon säger sig ha förstått att den som kallar sig
hennes och hennes mans avlidne son är i fängelse i Rostock
och det är bra. Nu hoppas hon att han ska få sin rätta lön för
det uppror han gjort och som givit både henne och andra
dåligt rykte. Han kunde straffas hos dem, men bäst och
nyttigast vore ändå att han skickades hem igen. Om det ber
hon för sin egen skull och många andra goda mäns skull. De

kan då bättre försvara sig och förklara sin oskuld. De skulle därmed göra henne och många andra en stor tjänst, som hon hoppas utan skada för dem.

ROSTOCKBREVET

Det avsända brevet daterades redan dagen efter Gustavs brev till Kristina, den 8 augusti 1528, och försågs med Kristinas, Johan Turessons och svärfadern Ture Jönssons (Tre Rosor) sigill.[195] Den 6 augusti befann de sig alla på Lindholmens säteri utanför Lidköping i Västergötland med Gustav och hans syster Margareta för att reda ut en arvstvist.[196] Om Gustav var kvar där den 8 augusti är oklart; Rune Thorell tror att han redan givit sig iväg till mötet i Lödöse, som började den 10 augusti.

Arvstvisten stod mellan Gustav och hans syster å ena sidan och Kristina och hennes man Johan Turesson å den andra. Den handlade om arvet efter Kristinas mor Sigrid Banér, och gällde omfattande värden och utgången var naturligtvis viktig för Kristina och hennes arvingar. I den här situationen hade Kristina många skäl att hålla god min inför Gustav, som var en man som inte frivilligt släppte möjligheten till ekonomiskt tillskott. Jag tror inte att det är en tillfällighet att dessa två för Kristina så viktiga händelser skedde samtidigt.

När det gällde arvet hade Gustav redan i förväg skrivit till henne att han ville veta precis hur arvsfördelningen gått till efter hennes båda bröder, Erik och Eskil, som halshöggs i Stockholms blodbad.[197] De ärvdes då av sin mor Sigrid och nu vill Gustav att Kristina skall med "breff och skäl" bevisa att fördelningen gjorts riktigt. Underförstått gjorts medan Sigrid Banér ännu var i livet. Skälet var förstås att Gustav ansåg sig ha arvsrätt till boet efter Sigrid. Han tillägger att han förstås inte alls på något vis vill förnärma Kristina utan

17. Kristina Gyllenstiernas brev till staden Rostock, daterat den 8 augusti 1528 på Lindholmen. Original av pergament i *Archiv der Hansestadt Rostock*. Källa: *Archiv der Hansestadt Rostock*. Foto: Ramona Fauk.

bara är mån om att saken ska gå rätt till. Istället är hans önskan, som alltid, att han mycket hellre vill öka hennes del än minska den.

I skiftesbrevets inledning finns en passus med helt annat innehåll. Både Kristina och hennes make Johan Turesson lovar där att erkänna Gustav Vasas rätt till Sveriges rike som han befriat från Kristian.[198] Är detta ett villkor för att få ut arvet, kan man fråga sig? Därmed ansåg sig Gustav troligen framgent ha säkrat sig för eventuella krav från Kristinas söner.

Det brev som skickades har inte tryckts och har så vitt jag vet bara blivit läst i sin helhet av Gottfrid Carlsson

(1922). Genom tillmötesgående av Bodo Keipke vid *Archiv der Hansestadt Rostock* har jag fått tillgång till dokumentet. Det är skrivet på svenska och lyder som följer i min något moderniserade form och med reservation för felaktigheter:

> Jag Kristina Nielsdotter, herr Johan Turessons på Venngarn, riddares [hustru], hälsar eder ärliga och välförståndiga män, borgmästare, råd och menighet uti Rostock. Kärliga med Gud etc. Kära goda vänner, jag förmodar och betvivlar inte att eder ju förekommit är huruledes en skalk det förlidna året upprest sig här i Sverige som kallade sig min käre döde herre herr Sten Stures, fordom Sveriges rikes föreståndares, och min son, aktandes här göra ett buller och uppror. Men, Gud vare lovad, han fick ingen framgång därmed, och när han märkte det begav han sig till Norge där han en tid fick uppehålla sig. Och sedan [...] till Tyskland och kunde ändå inte överge den förrädiska mening han i sitt hjärta begripit hade, utan blev allt vid samma tal och lögn till dess han på sistone blev gripen hos eder och ställd inför rätta på högmäktige fursten och herren herr Gustafs, med Guds nåde Sveriges och Götes etc konung, min käre nådige herres bud. Dock, på det att ni och var god man må veta vad som är sant i detta, giver jag eder till känna att nämnda skalk aldrig var eller är min eller min nämnde döde herres, herr Stens, son. Jag har haft med honom 3 söner, två är framlidna, Gud nåde deras själ, den tredje lever och är i Danmark och heter Svante. Om denne skalk vet jag intet annat säga än att han är en veterlig tjuv och förrädare. Därför beder jag er kärliga att ni ingen tro sätter till hans lögnaktiga tal, utan hellre så skickar att han för sådana lögner och

förräderi han brukat och bedrivit har, måtte bliva tillbörligen straffad, så att en annan förrädare måtte se därpå, som jag hoppas att ni dannemän också vill göra, det eder ock av rättvisan tillkommer, det jag och mina vänner gärna vill återgälda. Eder anbefaller jag härmed åt Gud. Till visso att så i sanning är har jag bett ärlige välbördige man och starke riddare herr Ture Jönsson och hans son min käre älskelige husbonde herr Johan Turesson om deras insegel, vilka de också till vittnebörd om att så i sanning är har låtit hänga med mitt eget under detta brev. Skrivet på Lindholmen 8:e dagen i augusti månad år 1528.

Fyra viktiga saker skiljer Gustavs brev och konceptet från det skickade brevet:

1. I den slutgiltiga versionen, det vill säga brevet som skickades, står det att Kristinas son Nils redan dött tidigare i Sverige. Ingenting om det nämns i de två andra. Om det vore sant skulle det naturligtvis vara ett starkt argument för att den unge mannen i Rostock inte kunde vara Nils. Den enda uppgiften om Nils död och begravning i Uppsala kommer långt senare från Gustavs krönikör Peder Svarts krönika som tillkom ca 1560. Han har inte ens rätt årtal utan förlägger döden till 1526; Nils levde bevisligen efter det. I krönikan broderar Svart ut berättelsen med detaljer om begravningen som ska ha ägt rum i Uppsala domkyrka. Det fanns ännu inget Sturekor i kyrkan men Svart pekar ut en plats för graven. Han skriver: "The förde hans lijk medh begengilse effter gambla sättet till whar then Kyrckia, sidsta fördes han doch in j Upsale Domkyrckia, bleff ther begraffuen emillan Konungsxstolen och S. Sebastiani altare."[199]

Både kungsstolen och Sankt Sebastians altare fanns och

var placerade i den sydöstra delen av koret. Det vore alltså en fin placering. Men ett samtal med Herman Bengtsson på Upplandsmuseet gav den intressanta upplysningen att man vid en utgrävning på platsen inte funnit spår av någon grav. Inte heller i bevarat skrivet material. På min fråga om en eventuell grav kunde ha flyttats därifrån till Sturegraven, blev svaret att man inte heller i Sturegraven hade hittat något som kunde kopplas till Nils Sture.

Gustav Vasa använder sig egendomligt nog aldrig av Nils påstådda död, såvitt jag har kunnat se. Man kan ju tycka att det hade varit det mest självklara och verksamma argumentet för att Nils inte hade kunnat vara Daljunkern. Uppgiften om Nils död ser vi första gången i Rostockbrevet, såvida inte frasen "vars själ Gud nåde", som i Gustavs brev ofta åtföljer orden om att Daljunkern kallar sig herr Stens son, syftar på Nils död.[200] Frasen kan dock lika gärna syfta på herr Sten.

2. I Gustavs brev och i konceptet begärs Nils utlämnad till Sverige. Säkert hade Kristina inga problem med det kravet. I brevet nämns inte utlämnande utan kravet är bestraffning i Rostock.

3. I Gustavs brev nämns som en viktig punkt den upprättelse som Kristina och många goda män med henne skulle få för det vanrykte de råkat i genom "skalkens" agerande. Ingenting av detta nämns i brevet som skickades.

4. I Rostockbrevet kallas "skalken" tjuv och förrädare, medan han i de två andra breven enbart omnämns som skalk.

Jag kan tänka mig att Kristina skulle ha kunnat sätta sitt sigill under konceptet men har svårt att tro att hon skulle ha accepterat det slutgiltiga brevet. Och kanske gjorde hon det inte heller. Det viktiga var hennes sigill och när man väl fått det tror jag Gustav klarade resten själv. Det är en grav anklagelse eftersom det sände en ung man i döden. Men min bild av Gustav Vasa är att det fanns gott om grova brott att lägga honom till last och det här skulle inte ens toppa listan. Min bestämda tro är att Gustavs vilja och order var att Daljunkern skulle dömas men inte under eget namn.

Jag tror att konceptets mildare formulering var avsedd att få Kristina att godkänna brevet med sitt sigill. Gustav själv behövde ett starkare avståndstagande från "skalken", vilket det slutgiltiga brevet ger klart uttryck för. I det sägs ju att Daljunkern inte kan vara Nils Sture, eftersom han är död. Kravet på utlämning har övergivits och i stället krävs bestraffning i Rostock, vilket i detta fall inte kunde bli annat än döden. Jag tror inte att Kristina såg det nya brevet, utan utgick ifrån att det brev som sändes var det som hon godkänt. Att förse det nya med hennes sigill var antagligen inte så svårt. Kanske "lånades" det ut av hennes man, alltid lojal med kungen, som nog upplevde utpekandet av Nils som Daljunkern som besvärande.[201]

Man kan ju undra om inte handstilen skulle kunna klargöra vem som skrivit Rostockbrevet. Jag har jämfört handstilen i brevet med den i notiserna om barnens födelse (ovan s. 22) och tycker inte att man kan se någon större likhet, men tyvärr säger det inte så mycket. Man använde sig vanligtvis av skrivare. Gustav hade säkerligen sin skrivare med på resan till Lindholmen eftersom man just hanterat ett arvsskifte, men troligen fanns även både Ture Jönssons och Johan Turessons skrivare till hands. Däremot tror jag att vi ser Kristinas egen handstil på det lösa pergamentbladet. Men det hjälper oss inte.

RÄTTEGÅNGEN

I Rostock var man inledningsvis tydligt tveksam till den framlagda historien om en simpel dräng, vilket är begripligt. Det måste ha väckt förvåning att den svenske kungen engagerade sig så för en drängs bestraffning att han själv skrev flera brev och därtill skickade sin måg och rådgivare tillika med ytterligare en rådgivare för att först begära drängen utlämnad och senare kräva bestraffning. "Drängens" allmänna uppträdande och utrustning talade ett annat språk, men efter Gustavs hotelser om repressalier förefaller den tveksamhet man möjligen känt ha glidit över i en mer aktiv hållning för att efterkomma Gustavs önskningar. Efter Gylers ankomst och Kristinas brev, som möjligen fördes dit av greven av Hoya, sattes Daljunkern kring den 10 september in i stadshäktet och man förberedde för en rättegång. En sådan kom också igång ungefär två veckor senare. Nu var det inte längre tal om utlämning. Gustavs krav var nu enbart straffutmätning och med de anklagelser som fanns var utgången given.

Gyler och Hoya förde nu Gustavs talan mot Daljunkern. Under förhören ska Daljunkern ha erkänt att han inte var Sten Stures son. Om han då också medgav att han var Jöns Hansson framgår inte, men det är under det namnet han döms. Det hade ju annars varit en intressant upplysning eftersom Jöns ännu levde i Norge. Men det var ju magistraten i Rostock okunnig om och i protokollen benämnde man den unge mannen Jöns Hansson. Anmärkningsvärt är dock att trots de allvarliga anklagelserna och Gustavs två utsända representanter fick Daljunkern fortfarande en annan och bättre behandling än andra fångar. På hans dryckeslista stod "vin och malvasir" och hans mat var fyra gånger så dyr som den som fångarna normalt fick.[202] Troligen förstod man mycket väl att det inte var vem som helst man hade i häktet, men att hålla goda förbindelser med Sveriges kung blev viktigare än att skona ett ungt liv, särskilt som inte ens hans mor tycktes vilja kännas vid honom.

Vilka uppgifter Kristina fick om händelserna i Rostock och framför allt när, vet vi inte.

Trots att mannen utpekades som en bedragare, en enkel obildad dräng, så behandlades han inte så av *Rostocker Niedergericht*. Den första tiden efter att han blivit häktad hölls han i förvar i ett privathus på stan och när han sedan fördes till stadsfängelset ska han fortfarande ha haft vissa privilegier som andra fångar inte hade.[203] Behandlingen av den unge mannen tyder på att man i Rostock uppfattade honom som en man av börd. Det verkar inte som att hans uppträdande motsade det. En enkel bonddräng skulle inte ha särbehandlats så.

Informationen om Daljunkern nådde också fru Inger som skrev och underrättade ärkebiskopen Olav i Trondheim. Hon återger det hon har hört, att Daljunkern behandlas som en riddersman och rör sig fritt i ett hus på stan. Vidare har hon fått veta att man inte vill släppa honom fri förrän hans mor och bror personligen kommer till Rostock.[204] Men hon har förstått att i Gustavs brev kallas han Jöns Hansson, den man som tidigare tjänat hos ärkebiskopen och även Peder Kansler. Hon beskriver honom som en karl på cirka 30 år med vitt hår och gult skägg och en "stacket nesee" (kort näsa).[205] I det här läget tänkte hon på möjligheten att använda sig av Jöns Hansson, det vill säga den riktige Jöns som ju fanns i Norge. Om man utlämnade Jöns till Rostock så skulle domstolen där tvingas släppa Daljunkern, var hennes tanke. Det skulle förstås sätta Jöns Hansson i klistret men hon ömmade mer för Daljunkern. Gustav hade ju uttryckligen redan utpekat Jöns. Men den verklige Jöns blev förvarnad om planen och rymde till Hamburg och så var den chansen förbi.

DOMEN

Den 25 september 1528 ställdes Daljunkern inför rätta. Redogörelsen är ganska kortfattad och innehåller de ord och vändningar som är typiska för samtida domar i Rostock.[206] Den inleds med konstaterandet att "Jons Hanssen" ställts inför rätta och erkänt att han av fri vilja startat ett uppror i Dalarna och sagt sig vara herr Stens och fru Kristinas son. Därefter sägs att han erkänt att han haft för avsikt att göra sig till kung i Sverige och uppbådat flera tusen dalkarlar i syfte att avsätta kungen. Sedan sägs att han även erkänt att han inte är herr Stens och fru Kristinas son. Därefter följer i ett mer formelartat stycke själva domen: den anklagade har tre gånger tillfrågats vad han hade att säga, och då svarat ja och erkänt. Domen har då blivit att han inte skulle åtnjuta någon rätt till hjälp eller försvar, utan bindas, föras ut ur stadsporten och halshuggas, såvida inte herrarna ville ge honom nåd. Till slut sägs att han erkänt "allt ovanstående" i närvaro av sex namngivna herrar.

Enligt Karl Koppmann hörde det till formuläret att den anklagade erkände. Om erkännandet var framtvingat eller inte framgår inte.

Daljunkern dömdes till döden genom halshuggning.[207] Koppmann räknar upp ett antal avrättningssätt som Rostock använde sig och som han utläst ur domar för den aktuella tiden. Det vanligaste var hängning, men halshuggning medelst svärd användes ofta och inte bara för adelsmän. Annars dömdes man till rådbråkning, bränning, eller till att bli levande begravd. Avrättningar var offentliga eftersom en del av syftet var att visa upp ett varnande exempel.

FRITAGNINGSFÖRSÖKET

I sitt brev till kungen den 28 september 1528[208] berättar Wulf Gyler om ett försök att rädda Daljunkern i sista stund. Gyler var själv inte närvarande[209] och återger saken i andra hand. Texten är delvis svårtydd och tolkningen därför osäker på vissa punkter.

> [...] stannat kvar enkom för att han skall ha sett och erfarit att skälmens dom, att delas i fyra delar,[210] skulle verkställas, har berättat att om inte rådet hade stått fast, så hade djävulen likväl drivit sitt spel med honom. Ty som jag fick veta av [...] och just nu också har hört av köpmannen, så skulle ett sällskap ha samlats med några hästar utanför staden i avsikt att rädda skälmen från bödeln, ty han skulle ha varit herr Stens son, och man vill säga [att det var] herr Bernt von Melens folk, att det blev en sådan uppståndelse att man stängde portarna och halshögg slyngeln mellan portarna. Och i Rostock har det varit en man med ett stort skägg med 9 knektar hos [...] i härberget och med stort oväsen frågat efter förbrytaren och skälmen Wolff Schreiber och sagt att den blodhunden hade bragt mången ärlig man i Kalmar om livet [...] likaledes hade han också utgjutit herr Stens sons oskyldiga blod och hotat med sina ord, för han hade knektar med sig som skall ha känt skälmen, att denne var herr Stens son så visst som Gud i evighet, och med många andra grova hotelser mot Wolff Schreiber [...]

Det är tydligt att Gyler återger händelserna i andra eller tredje hand. Vem "han" i första raden syftar på är oklart, men Carlsson hävdar att Hoya ska ha låtit en tjänare stanna kvar i Rostock för att bevittna avrättningen och antagligen är det denne som avses i brevtexten ovan.[211]

Carlsson tror att de omtalade ryttarna kan ha varit von Melens knektar från Kalmar.[212] Tydligen skulle ett antal, som möjligen inte befunnit sig inne i slottet i Kalmar vid stormningen, ha överlevt. De kände förstås Nils till utseendet. von Melen kan ha haft många skäl att försöka rädda Nils, som han ju kände väl, alldeles oavsett vad han tänkte om Nils omstörtande planer.

VAD HÄNDE EGENTLIGEN?

Jag har frågat mig om avrättningen verkligen ägde rum. Inför Gustavs direkta hot mot Rostocks magistrat tänker jag mig att man knappast öppet skulle ha vågat benåda "skälmen". Men rådet i Rostock förbehöll sig som vi har sett rätten att efter avkunnad dom benåda; det finns flera exempel på det från denna tid i Rostock.[213] I tre exempel omvandlas dödsdomar till förvisning från staden, i två av dessa fall på grund av de anklagades ungdom. Om benådning alltid sattes på pränt vet vi inte. I det sammanhanget blir det intressant att platsen för avrättningen ändrades i sista stund till en plats "mellan portarna", möjligen handlade det om en dubbelport i muren, det vill säga ett utrymme mellan en yttre och en inre port. I så fall kunde avrättningen ske utan den sedvanliga publiken. Är historien om räddningsförsöket en dimridå för att förklara att avrättningen inte blev offentlig och därmed kunna dölja en benådning?

Nog tror jag att magistraten i Rostock hade svårt att svälja att en ung man, som de under flera veckors tid uppfattat som en ädling, plötsligt skulle vara en bonddräng. Att den svenske kungen och Kristina Gyllenstierna skrev brev till Rostock och dessutom skickade Hoya och Gyler – för en dräng?

Förhållandet till kung Gustav var ansträngt. De svenska upprorsförsöken var väl kända i Tyskland och understöddes av Lübeck och den avsatte Kristian II. Kanske var det klokt att avvakta lite med att avrätta en möjlig upprorsledare? Inte långt därefter gjorde Lübeck allvarliga försök att locka Nils bror Svante att höja upprorsfanan mot Gustav. Behöll man Nils vid liv ett tag, eller lät man honom slippa undan? Självklart måste man i så fall låta Gustav tro att avrättningen ägt rum med tanke på hans hotelser mot staden.

En annan möjlighet är att räddningsförsöket lyckades. I båda fallen skulle man få en förklaring till Kristinas och Svantes senare tystnad om händelserna, vilket förstås förutsätter att de fått veta eller anat hur det låg till.

Ovanstående funderingar är bara uttryck för min konspiratoriska fantasi, i sanningens namn får sägas att källorna inte ger stöd för antagandet att avrättningen inte ägde rum. Vad som i så fall skulle ha hänt med Nils kan vi ju låta vår fantasi spela med. Klart är att han knappast hade kunnat återvända till Sverige. Men kanske hade han kunnat ta tjänst hos någon i Tyskland.

Inte bara Gustav Vasa underrättades om avrättningen. I november skrev Knud Nielsen Skrivare brev till exkung Kristian II och berättade bland andra nyheter också om avrättningen.[214] Han berättar att greven av Hoya kommit till Stralsund i en liten karavell och i sällskap med sin hustru, som ju var Gustav Vasas syster Margareta Eriksdotter Vasa, och att han "lodt rette[215] her Sthens söen i Rostock" och att denne "blev gripen där i somras för det uppror han gjorde i Dalarna nu för ett år sedan". Han säger också att Kristina Gyllenstierna hade skrivit till Rostock och förnekat honom och att "thet siges hun war ther nydder till" (det sägs att hon var tvungen därtill).

I det brev som skickades till Rostock förnekar Kristina att

den unge mannen i Rostock är hennes son Nils. Den stora fråga är naturligtvis varför. Vad trodde hon och vad visste hon? Åtskilliga historiker har misstänkt att hon pressades hårt av Gustav. Men varför stod hon inte på sig? Kan det ha varit så att hon faktiskt bara såg konceptet och inte såg det slutgiltiga brevet?

KVARLÅTENSKAP

Myndigheterna i Rostock tog hand om Daljunkerns efterlämnade "klenoder" och man bokförde också noggrant vilka dessa var. Anmärkningsvärt är att man i listan, som är odaterad, benämner honom Nils (Negels) trots Gylers påståenden att han hette Jöns Hansson. I domen däremot benämns han Jons Hanssen.

Listan[216] lyder som följer i svensk översättning:

> Följande är nedskrivet om de klenoder som efterlämnats av Negels Hanssen [Nils Hansson], som bönderna i Sverige hade gjort till kung och som blev dömd[217] här:
>
> För det första 34 mark 2 shilling för förgyllt silver från en stötvärja med en silversked
> Vidare 49 mark 9 shilling för förgyllt silver från en riddarvärja och från en silverbägare
> Vidare 17 mark för en guldring
> Vidare 11 mark 4 shilling för en guldring
> Vidare 9 mark 12 shilling för en guldring
> Vidare 12 mark 12 shilling för en guldring
> Vidare 3 mark för en guldring
> Vidare 9 mark för en guldring
> Vidare 7 mark för ett litet guldhjärta

Slutspel i Rostock

Vidare 13 mark för 40 gyllene radbandspärlor
Vidare 42 mark för 4 nobler
Vidare 11 mark för 3 guldgyllen

Summa 200 18 [?] mark 7 shilling

Summa summarum för alla förut nämnda intäkter
400 85 mark 7 shilling[218]

Knappast någonting som en dräng förde med sig på resa. Det var heller aldrig tal om att just dessa föremål skulle vara stulna. Däremot kan man jämföra dem med de dyrbara gåvor som skänkts till Daljunkern i Norge (se ovan s. 174f).

Efter hösten 1528 hör man ingenting om Nils, inte i någon form. Inget testamente, ingen arvsfördelning – ingenting. Vid förfrågan har Bodo Keipke vid *Archiv des Hansestadt Rostock* meddelat mig att man inte har någon uppgift om vad som hände med klenoderna. Min tanke är de kanske behölls i Rostock som någon form av ersättning för kostnader. Om de var lätt identifierbara som Nils egendom skulle de nog knappast dyka upp i Sverige.

Nils död omnämns år 1532 av Johannes Magnus i ett brev till hertig Albrecht av Preussen, bevarat i form av ett sammandrag på latin.[219] Efter att ha talat om Svante Sture, som han anser skulle kunna bli till nytta för både Sverige och adressaten om han fick lämplig utbildning hos hertigen, säger han sig ha haft hand om den andre broderns, alltså Nils, utbildning. Efter detta hade denne dock "valt ett dåligt sällskap" och lagt sig till med "dåliga vanor" och sålunda fått en olycklig död.[220] Han sörjs nu av hela nationen. De vaga formuleringarna ger utrymme för olika tolkningar. Enligt min mening kan de mycket väl syfta på "Daljunkerns" uppror och senare avrättning; Johannes kanske inte ville att hertigen skulle veta att Svantes bror hade avrättats som upprorsman. Intressant är också att Johannes inte säger att Nils dog av sjukdom (jfr nedan s. 195f).

VON MELEN

Drygt ett år efter att von Melen flytt till Tyskland hade han kontaktats av Georg von Minkwitz, som var ombud för den avsatte Kristian II. Denne hade då föreslagit att von Melen skulle anfalla Sverige tillsammans med Sören Norby. De förenades av sin strävan att få bort Gustav Vasa från den svenska tronen.

Melen var i Tyskland 1528 och det är väl inte otroligt att han upprörts av uppgifterna om den unge fången i Rostock. Säkerligen låg han själv bakom en hel del av de upprorstankar som den verklige Nils bibragts i Kalmar. Och tvekslöst kände han igen Nils. Om han haft tillfälle att träffa honom som "Daljunkern" är dock tveksamt. Kanske ville han i Rostock förvissa sig om fångens identitet.

JOHAN AV HOYA

Den tyske greven Hoya hade kommit från Lübeck till Sverige år 1524. I Danmark hade han träffat Gustav Vasas syster Margareta, som då fortfarande satt fånge på Kalundborg. Hon var änka efter Joakim Brahe som avrättades vid Stockholms blodbad. Året efter hennes hemkomst, i januari 1525, gifte han sig med henne och fick då Gustav till svåger. I samband med bröllopet tog han plats som medlem i riksrådet och blev utnämnd till länsherre i Finland över Viborgs och Nyslotts län. Det sades att Gustav ogillade sin nye svåger och ville få honom på så långt avstånd som möjligt. Men det hindrade inte att han såg Hoyas förtjänster och värdet av hans kontakter i Tyskland.

Han använde därför Hoya i diplomatiska uppdrag, framförallt i förhandlingarna kring den stora skulden till Lübeck, men också vid förhandlingarna i Rostock om Daljunkern. Resultatet när det gällde den återstående skulden till Lübeck blev inte till Gustavs belåtenhet och en schism uppstod mellan dem. Hoya som nog hade gjort vad som var möjligt kände sig orättvist behandlad. Men Gustav lade hela skulden för det som han uppfattade som ett misslyckande på Hoya. I själva verket handlade det snarare om att Gustavs krav var orimliga.

Läget mellan dem blev så spänt att Hoya 1534 flydde till Tyskland, liksom så många andra som varit i Gustavs tjänst. Sin hustru Margareta tog han med sig. Hon ska till och med varit rädd för att återvända ens tillfälligt till Sverige. Hon fruktade sin egen bror, Gustav. Ett par år senare, 1536, skrev Hoya en stor klagoskrift mot kung Gustav.

VAR DALJUNKERN NILS STURE?

Ända sedan den sorgliga avrättningen i Rostock har det diskuterats – vem var den unge mannen. Var det Kristinas äldste son Nils eller inte? Gustav Vasa fastslog att det inte rörde sig om Nils Sture och det har satt sina spår i historieskrivningen. Länge var det den förhärskande åsikten att Daljunkern var en bedragare som iklätt sig en falsk identitet. Till exempel skriver *Nordisk familjebok* år 1906: "Daljunkern är den vanliga benämningen på en af de oblygaste bedragare historien har att uppvisa. Hans egentliga namn var Jöns Hansson [...] stalldräng." Man fortsätter utan att reagera på det egendomliga: "Han begagnade ett sigill med Sturevapnet och Nils Stures namn."[221]

Även historikern Gottfrid Carlsson hör till dem som inte sätter någon tilltro till att det handlade om Stures och Kristinas son.²²² Han anser att Lunge misstog sig och menar att Nils fortfarande befann sig vid Gustavs hov våren 1527, med hänvisning till brevens datering (se ovan s. 160). Han tror också på Peder Svarts uppgift att Nils dött i Uppsala, även om han medger att den uppgivna dateringen 1526 måste vara felaktig då Nils bevisligen ännu levde då. En av Gustavs unga svenner, som hette Nils Stensson, fick en summa pengar till påskoffer i april 1527 och bör då ha befunnit sig i Gustavs närhet. Enligt Carlsson var den unge svennen Kristinas son Nils, och då kunde han inte samtidigt vara upprorsmannen i Dalarna. Men som Lindberg har visat kan det mycket väl röra sig om en annan Nils Stensson.²²³

Carlsson anför också ett annat argument. I Stockholms stads räntekammarbok 1527 finns en notering om en utbetalning för "tre lod pestilentie pulver ... som sendes min h[erres] n[åde] til Upsala til Niels Stensson". Han tolkar detta som att kungen var i Uppsala vid Nils sjukbädd. Min kommentar till detta är att vi inte alls vet om det är kungen som avses med "min herres nåde", och vi har inget datum. Avses överhuvudtaget "vår" Nils Sture? Vid den här tiden hade Sturarna ingen koppling till Uppsala. Och skulle kungen verkligen ha rest till en pestsjuks dödsbädd?

Även Rune Thorell argumenterar 1945 för den traditionella uppfattningen.

Det är egentligen först under 1900-talet som vissa historiker ställt sig tvivlande och argumenterat för att det verkligen var Nils Sture som på Gustavs order fängslades i Rostock. Folke Lindberg har i sin artikel 1942 om Daljunkern övertygande visat att allt talar för att det verkligen handlade om Sten Stures och Kristinas son och Lars-Olof Larsson argumenterar utförligt i sin bok om Gustav Vasa 2002 för att Daljunkern var Nils. Jag tror också att Daljunkern verkligen var Nils Sture.

Vad trodde då Gustav Vasa? Jag tror att han i början var kluven till vad han skulle tro. Det tar ett tag innan han kategoriskt utpekar Daljunkern som bedragare. Som Lars-Olof Larsson påpekar kan man av det förstå att han i alla fall inte då hade Nils Sture hos sig. Då hade det ju inte varit något problem. Nils hade ju faktiskt skickats iväg hem till Kristina av Gustav. Men var han hos henne? Hon säger ingenting om saken och om jag känner Gustav rätt så var det nog det första han kontrollerade. Jag fattar det så att Nils hade givit sig iväg, men vart och varför? När Daljunkern först dyker upp i Dalarna presenterar han sig dock med en gång som Sten Stures son.

Jag anser det osannolikt att en bedragare skulle ha tagit risken att utge sig för att vara Nils Sture medan denne av allt att döma ännu levde. Och om upproret hade lyckats hade han förr eller senare varit tvungen att ta sig ner till Stockholm, där många, inte minst Kristina och folk vid hovet, skulle ha avslöjat honom.

Ännu i juni 1527 visar Gustav tydligt att han inte utesluter att Daljunkern är identisk med Nils. Han skriver till Dalfolket att han vill ha ett möte med "den unge karl som däruppe är och uppresningen gjort haver". Han gör sedan som han brukar, han utlovar i brevet att han ska se med mildhet på saken:

> Om så händer att den goda kvinnan fru Kristina erkänner honom som sin son, som han däruppe säger sig vara, har vi lovat och med detta vårt öppna brev lovar, att vi för godemäns böners skull vilja taga honom till vänskap igen och ha överseende med honom för det han nu däruppe talat och gjort haver.[224]

Hur Dalfolket och Daljunkern reagerade på brevet vet vi inte. Men något möte blev det inte.

I diskussionerna om Daljunkern som Sten Stures son har också en annan möjlighet dykt upp. Det vore väl inte helt otänkbart att Sten Sture hade en son född utanför äktenskapet, men så vitt jag vet är det bara Gottfrid Carlsson som framfört det som en möjlig förklaring till Daljunkerns härkomst.[225] Daljunkern säger sig vara just Sten Svantesson Stures son och då har man antagit att det också innebär Kristinas son. Varför han gör det när Kristina ännu är i livet och det finns ett stort antal personer förutom Kristina, till exempel Gustav och åtskilliga andra personer vid hovet, som vid en konfrontation kunde avslöja honom, är svårt att förstå på annat sätt än att det var sant.

En variant av denna hypotes utnyttjades av Gustav Vasas krönikör Peder Svart i avsikt att svärta ner Daljunkern. I sin krönika skriver han, under år 1526, att kungen bad Kristina att skriva ett brev till Daljunkern, och fråga honom om han "bekende henne för sina moder", vilket hon gjorde. Hon säger sig också ha sett sin son Nils död i Uppsala. Kungen befallde sändebudet som förde brevet till Dalarna att läsa upp det för folket. När dalkarlarna frågade Daljunkern vad han svarade på detta, sade han att fru Kristina inte ville kännas vid honom för att han avlats och fötts före bröllopet. Svaret gjorde dalkarlarna bestörta.[226]

Denna historia finns bara hos Svart och han kan inte betraktas som tillförlitlig.

Långt senare låter Henrik Ibsen Daljunkern uppträda i dramat *Fru Inger til Østråt* (1857). Han kallas där Nils Stenssøn och är, utan att själv veta om det, son till Sten Sture och fru Inger. Den verklige Nils Stensson, som inte uppträder i dramat, sägs nyligen ha dött i Sverige på sin moders slott. Fru Inger, som tror att hennes son med Sten Sture befinner sig i Sverige, låter döda Nils/Daljunkern för att, som hon tror, rädda sin son. I slutscenen inser hon sitt misstag. Författaren har alltså tagit sig stora friheter i sitt drama.

Så gärna jag skulle vilja veta vad Kristina visste eller trodde och hur hon tänkte! I brist på det kan jag bara försöka sätta mig in i hennes situation. Jag tror att hon anade, eller visste, att det var hennes Nils, som 15 år gammal tog sig an ett nära nog gigantiskt projekt, att störta kungen och med folkets hjälp åter sätta en Sture i högsätet och att återinföra den katolska tron och kyrkans självständighet gentemot kungen. Det var för stort! Vilken mor skulle inte känt skräck inför Gustavs reaktion och Nils öde. Hon hade levt tillräckligt nära Gustav för att förstå att sonen var räddningslöst förlorad. När hon skrev konceptbrevet kanske hon grep efter ett halmstrå.

Det måste varit tydligt för Kristina att kungen inför omvärlden inte ville döma och avrätta Daljunkern under namnet Sture. Om hon nu förnekade honom som sin son kanske kungen lät honom leva. Som Jöns Hansson upplevdes han antagligen som mindre farlig för kungen. Om han bara utlämnades och kom hem kanske hon trodde sig om att kunna övertala kungen att låta honom leva. Och om inte ... Hon hade en son till, Svante, som dittills fogat sig och rättat sig efter Gustavs vilja. Kanske kunde hon åtminstone rädda honom!

Vad hände sedan?

VÄSTGÖTAUPPRORET 1529

Kristinas svärfar Ture Jönsson Tre Rosor blev genom sonens äktenskap med Kristina indragen i kretsen kring kung Gustav. Säkert påverkade det den information han fick om kungens göranden och låtanden. Och Ture var inte nöjd, han tvärtom oroades av de förändringar som gjordes och planerades. Han var god vän med Hans Brask, en man med fast rotade åsikter om kyrkans roll i Sverige. Hans egen krets var den godsrika adeln i Västsverige som nu fick se sin makt och sitt godsbestånd hotat av kungen, som hela tiden behövde mer pengar. Kyrkan och adeln hade fått se sitt inflytande beskäras mer under den svenske kungen än under de danska. Man hade i den västra delen av Sverige dessutom sitt huvudsakliga intresse riktat mot väster med handel med Danmark och Nederländerna bland andra. Det var en lönande handel som kungen nu ville lägga under sig.

Även om Ture Jönsson inte tycks ha varit en ledartyp så tog han nu verkligen plats i en ledande grupp av västgötar, som alla hade fått nog.[227] Man ansåg att kungen hade brutit sin kungaed genom att lägga över mer och mer makt i sina egna händer. År 1529 utfärdas ett upprorsbrev av män som likt Ture hade sina intressen i Västergötland. Bland dem var biskopen av Skara Magnus Haraldsson och riddarna, tillika riksråden Ture Eriksson (Bielke) till Läckö, Måns Bryntesson (Lilliehök) till Fårdala och Gräfsnäs, tillika hövitsman på Älvsborgs slott, riksrådet Tord Magnusson (Bonde) till Traneberg på Kållandsö, Nils Klasson (Halvmåne) till Stola, Nils Olofsson (Vinge) till Skofteby och lagman i Värmland, riksrådet Axel Posse till Hellekis och Såtenäs och Mats Kavle. Förutom missnöjet med kungens politik fanns hos dessa män en tydlig ovilja att lämna den katolska kyrkan. Det fanns även planer på att Måns Bryntesson (Lilliehök) skulle ersätta kung Gustav och utropas till kung.

Ture Jönsson hade stora planer för sitt kära Lindholmen. Han ville uppföra ett helgeandshus för sjuka, gamla eller behövande personer. De skulle bo där och tas om hand av munkar, som ofta var någorlunda sjukvårdskunniga enligt tidens krav. Helgeandshus fanns ofta i de större städerna och då oftast intill kloster men det här huset var tänkt att ligga nära hans eget Lindholmen ute på Kållandsö. Men nu satte kungen käppar i hjulet genom att stänga kloster och driva ut munkarna. Ture var inte bara irriterad och frustrerad över denna klåfingrighet som grep in i hans liv – han hade fått nog.

Upproret var, liksom många tidigare, riktat mot en kung, men den här gången inte den danske utan en svensk kung. Och liksom så ofta tidigare såg man fördelar med en nordisk union, men med starkt inskränkt kungamakt och större inflytande för rådsadeln. Om kungen var dansk eller svensk var inte det avgörande för denna krets av män.

Kanske hade man i tysthet avvaktat och hoppats att upproret under Daljunkern skulle nå en framgång. Istället fick man se hur det brutalt slogs ner av Gustav. Framtiden såg inte ljus ut för en man som Ture. Han fick med sig sin äldste son Jöran, domprost i Uppsala, men inte de yngre sönerna.

Vad hände sedan?

Särskilt inte sonen Johan, Kristinas man, som säkert såg sin hittills privilegierade position hotad av bara närheten till den upproriske fadern. Johan stod fast vid Gustavs sida vilket än en gång visade sig lönsamt.

Antagligen var man så omvälvd av den egna kretsens missnöje att man inte förstod att de bredare lagren, allmogen, inte alls var beredda att riskera liv och lem i ett väpnat uppror mot kungen. Västgötaherrarna kallade till ett stort möte på Larvs hed den 20 april 1529, bara ett halvår efter Daljunkerns död. Ture Jönsson talade och försökte elda upp massorna. Upprorsmännen uppsade högtidligen kungen "huldskap, manskap och troskap", och biskop Magnus Haraldsson löste alla från den trohetsed de givit kungen. Folket lyssnade men inför uppmaningen att ansluta sig och ta till vapen blev det tummen ned. Allmogen gick hem till sitt för att värna om det man hade. Och det gjorde de nog rätt i. Kungen fick genom sina spejare snabbt veta vad som var på gång.

För de ledande männen i Västgötaupproret blev utgången en katastrof, vilket tydligt visar deras engagemang och vilken risk de tog. Måns Bryntesson (Lilliehök) och Nils Olofsson (Vinge) dömdes till döden och avrättades på Stortorget i Stockholm den 5 juli 1529. Skarabiskopen Magnus Haraldsson och Kristinas svärfar Ture Jönsson flydde landet. De övriga benådades men blev av med titlar, förläningar och pengar. Senare i april skriver kungen till Kristinas man Johan Turesson och tackar för att han och Kristina visat honom trohet under upproret.[228]

Men de som på något sätt stött tankarna på ett uppror kände säkert fruktan inför kungen. Ett exempel hittar man i ett brev skrivet i maj 1529 av Ture Jönssons son Jöran Turesson (Tre Rosor) till Kristina.[229] Det framgår i början av brevet att anledningen är att Kristina nyligen skrivit till honom angående det uppror som hans far Ture var inblandad i.

Jöran uppfattar det så, att Kristina av kungen uppmanats att skriva och mana honom att vara kungen "huld och trogen". Jöran skriver om sin rädsla för att åka till kungen i Stockholm och oro för att komma i "häkte, torn eller järn" och att han aldrig med vett och vilja har förtörnat kungen. Men han har hört rykten från Stockholm att "komme jak ther, oc wåre min halss så stor som en twnna, thå skulle han gå wdaff" (och om jag kom dit och om min hals vore stor som en tunna så skulle den gå av). Han ber henne, att hon ska be hans bröder och andra goda män att dagtinga för honom och också förvarna honom. Han lovar att han i sin tur skall förvarna henne. Exakt om vad framgår inte.

Tre dagar senare skriver Jöran Turesson också till sina bröder och försäkrar dem att han är lojal mot kungen, men att han samtidigt känner oro och fruktan.[230]

Om Jöran Turessons förmodan stämmer, att Gustav uppmanat Kristina till denna brevväxling, leder det till en rad frågor. Varför skrev inte Gustav själv, han var ju annars en osedvanligt flitig brevskrivare? Varför lät han Kristina få uppgiften? Var det kanske för att han trodde sig kunna locka fram mer information om det gick igenom någon annan, särskilt om denna någon var en kvinna? Genom att rikta uppmärksamheten på domprosten Jöran ville kanske Gustav visa att han höll koll och att eventuell hjälp åt de upproriska skulle upptäckas.

Om Kristina på något sätt var inblandad i Västgötaupproret kan man ju undra. Det förekommer att hon nämns i samband med det, men jag tvivlar på att hon lät sig lockas med av upprorsmännen. Vid det här laget kände hon bättre än någon annan Gustavs misstänksamhet och kapacitet, men framför allt hade hon vid åtskilliga tillfällen sett att folket inte alls slöt upp så lätt. Gustav såg alltid till att hans militära styrka var rustad och beredd. Genom den spejarverksamhet som han var så mån om hade motståndarna små chanser att rusta sig och samordna något utan att han fick veta det. Jag tror att Kristina i och med sonen Nils död gav upp eventuella planer på en ny Sture vid makten. Sonen Svante visade inga sådana ambitioner men hans ställning nära kungen gav honom ändå ett visst inflytande. Och han var vid liv och med sin hustru Märta höll han, med råge, ätten Sture vid liv.

Efter Daljunkerns död och Västgötaupprorets misslyckande stillnar det kring Kristina. Hennes svärfar Ture återvände så småningom till Sverige men blev av med sitt huvud på öppen gata i Kungahälla, oklart på vems order.[231] Johan Turesson, hennes man, var fortsatt lojal mot kungen liksom hennes son Svante. Gustav satt stadigt på tronen. Sturarna återtog aldrig det inflytande de en gång haft. Men berättelserna levde kvar och frågorna om Nils Sture. Hans bror Svante, som fick 15 barn med sin hustru Märta Eriksdotter (Leijonhufvud), döpte sin första son till Sten efter fadern och sitt femte barn till Nils. Sitt femtonde barn, fött nästan ett år efter Kristinas död, döpte han till Kristina.

SVANTE STENSSON STURE

Svante var bara tre år när hans far dog. Det första året av fångenskap på Stockholms slott kan han inte ha haft så många minnen av. Men resan till Danmark och fångenskapen i Blå torn där flera dödsfall drabbade hans syskon och kusiner och andra släktingar bör ha satt sina spår. Om uppgiften att han och hans fyra år äldre bror Nils placerats i en familj på stan i Kalundborg stämmer, innebar den möjligen lite mer frihet för barnen. Troligen lämnade Kristina honom kvar i Danmark efter frigivningen från fängelset och tog bara med sig Nils till Sverige. Varför hon lämnade kvar Svante är oklart. Jag kan tänka mig att det berodde på hans ålder. När hon gav sig iväg till Sverige visste hon inte vad hon skulle mötas av. Den första tiden vågade hon troligen inte ta med någon av dem till Gustav.

Nils vågade hon lämna ensam hos von Melen i Kalmar. Enligt vissa noteringar ska Svante ha funnits kvar i Danmark ännu 1532. Han fick sin utbildning i Danmark, till stor del ledd av den danske Biskopen i Århus, Ove Bille, vars mor, Anne Knudsdatter Gyldenstierne, var en avlägsen släkting till Kristina.

Efter att han återkommit till Sverige togs han till Gustavs hov för att uppfostras där, något som var mycket vanligt och delvis användes för att förstärka släktsamhörigheten. Gustav hade nog också egoistiska skäl att vilja ha pojken under uppsikt och påverkan. Han var dock en Sture. Men i det här fallet behövde han inte oroa sig. Svante var ingen upprorsande utan deras förhållande tycks ha fungerat väl.

En period vistades Svante i Tyskland vid hovet i Lauenburg som gäst hos Gustav Vasas svärfar. Gustav ska ha skickat dit honom för att han skulle lära sig ridderliga seder. Men i Lübeck hade man andra planer för honom. De mångåriga förhandlingar man fört med Gustav för att förmå honom att betala skulden till Lübeck misslyckades gång på gång. Det förefaller som om man till slut gav upp och misströstade om att komma någon vart med den svenske kungen och man började se sig om efter en annan lösning. Man var i Tyskland väl medveten om det svenska missnöjet med Gustav och förberedde för en annan kandidat. Svante lockades till Lübeck där han kvarhölls 1534. Man ska ha försökt övertyga honom om att Gustav Vasa smidde planer på att låta avrätta honom. Han ska ha erbjudits hjälp att överta makten i Sverige som riksföreståndare. Men Svante avvisade kategoriskt alla planer i den vägen och släpptes så småningom.

Väl hemma i Sverige gjorde Svante karriär under Gustav.

Vad hände sedan?

Han var lojal mot kungen och fann sig till och med i att bli av med sin fästmö Margareta Leijonhufvud till Gustav, som gjorde henne till sin drottning. Han blev riksråd och hövitsman på Läckö slott med tillhörande län. 21 år gammal gifte han sig med sin tidigare fästmös syster Märta Eriksdotter (Leijonhufvud).[232] Paret bodde omväxlande på Hörningsholm, där också Kristina bodde, och på Nyköpings

18. Svante Sture den yngre. Målningen finns på Nationalmuseum som ger uppgiften att det är okänt vem som har målat porträttet. Det finns också uppgift om att det kan vara den holländske konstnären Domenicus ver Wilt som är konstnären. Han var verksam i Sverige 1556–1566. Källa: Wikimedia Commons

slott inte så långt därifrån. De fick med tiden 15 barn av vilka alla utom ett överlevde det första levnadsåret. När drottning Margareta dog år 1551 överlämnade kungen först sina barn i Kristina Gyllenstiernas vård vilket tyder på att deras förhållande förbättrats avsevärt och att han måste ha litat på henne, i alla fall i det avseendet. Men tydligen blev det för mycket för Kristina för i slutet av året skriver han till den avlidna hustrun Margaretas syster Brita och ber att hon tillsammans med sin syster Märta ska ta över vårdnaden av barnen. Så blir det också och barnen förblir i deras vård fram till att Gustav än en gång gifter sig, nu med Britas dotter Katarina Stenbock år 1552. Om barnen till dess är kvar på Hörningsholm eller bor hos Brita är oklart.

Under Erik XIV blev Svante också greve. Han blev med tiden genom arv ägare till åtskilliga slott, förutom Hörningsholm också Tullgarn, Gäddeholm, Ekenäs, Eksjö och den gamla slottsborgen Penningby i Uppland.

Jag har förgäves letat efter kopplingar till brodern Nils upprorsplaner och eskapader men inte funnit några. Tvärtom finns det klara belägg för att Svante stod emot alla försök att få med honom i stämplingar mot kungen. Han ville inte.

Han var hela tiden lojal mot Gustav Vasa och belönades också rikligt för det. Han beskrivs som foglig och lojal jämfört med sin hustru Märta som sades ha en starkare personlighet. Gustav utnämnde honom till riksmarsk år 1543. Ända tills Erik XIV i ett anfall av vredesmod och galenskap ändade Svantes liv förflöt det relativt odramatiskt[233].

YNGSTE SONEN GUSTAF JOHANSSON (TRE ROSOR)

Gustaf blev så småningom både riddare, riksråd och lagman. Som ung var han en period sändebud hos kejsar Karl V. Släktgården Lindholmen i Västergötland, som varit navet i hans farfar Tures liv, blev hans och han skrev sig som friherre till Lindholmen. Men han utnämndes också till greve till Enköping och bodde tidvis på Haga slott (tidigare Marieberg) strax söder om Enköping. Han var gift två gånger och hade tre barn. Han dog år 1566 bara 35 år gammal på Haga slott.

Både Svantes och Kristinas yngste son Gustafs fästmör togs av Gustav Vasa till fruar, först Svantes fästmö och efter hennes död Gustaf Johansson Tre Rosors fästmö Katarina Stenbock från Torpa stenhus i Västergötland. Gustaf hade varit förmäld med Katarina Stenbock sedan barndomen, men det tog kungen ingen hänsyn till. När han vid 60 års ålder ännu en gång blev änkeman bestämde han sig för den sextonåriga unga kvinnan trots hennes långvariga förlovning med Gustaf. Det finns berättelser om hur rädd hon ska ha varit och hur hon sprungit och gömt sig när han kom för att fria. Enligt tidens sätt att se var äktenskapet en skandal. Inte för den stora ålderskillnaden utan för att Katarina var systerdotter till den nyss avlidna drottning Margareta. Ärkebiskopen vägrade att viga paret men kungen stod på sig och vigda blev de. Äktenskapet blev barnlöst och hon överlevde kungen med många år.

KRISTINAS SENARE ÅR

Vi har få uppgifter om hennes senare år. Troligen framlevde hon dem i Nyköping där hennes man var hövitsman, och på Hörningsholm. Sonen Svante och hustru Märta och alla deras barn tycks också ha bott mest på Hörningsholm. Det var också där hon en period hade hand om kungens barn när han blev änkeman. År 1556 dog hennes man Johan och den 6 januari 1559 avled också hon, av okänd orsak. Hon begravdes i Trosa Landskyrka, det vill säga Trosas gamla kyrka som låg långt ifrån nuvarande staden Trosa. Men den låg inom nära räckhåll från såväl Hörningsholm, Tullgarn som Gäddeholm. Tyvärr härjades kyrkan av en häftig brand den 5 maj 1773 och taket störtade delvis in. Gravkoret hon vilade i förstördes helt.

KRISTINA I EFTERVÄRLDENS ÖGON

Kristina har hållit sig kvar i historien genom århundradena som en rakryggad och modig gestalt. Under 1800-talet och tidigt 1900-tal har hon framhävts som en idealkvinna, ädel och modig och nationellt sinnad, trogen sin makes livsverk och god mor. Theodor Lundbergs staty på Stockholms slotts yttre borggård visar en stolt och trotsig gestalt. Men inte alla har höjt henne till skyarna. Somliga har velat lägga en del av skulden för Stockholms blodbad på henne på grund av det famösa sammansvärjningsbrevet. Hon har tagit plats i flera romaner men då alltid som hjältinna. Idag är hon okänd för de flesta eller bara ett vagt bekant namn.

Wilhelmina Stålberg, författare och poet, skriver i *Anteckningar om Svenska Qvinnor* år 1864. Så här ljuder hennes slutord om Kristina:

> Christina står såsom ett ideal af qvinlig dygd och storhet framför oss uti häfdernas stora panorama, öfverträffad af ingen och uppnådd af få.

Oscar Alin, historiker och statsvetare, skriver i en uppsats för läroverksflickor i Uppsala år 1878:

> [...] fru Kristina var en qvinna, som rätt förstod sin uppgift i lifvet. "Nöden hade gjort henne till hjeltinna." Då hennes make var död, hennes barn värnlösa och fäderneslandet hotadt med undergång, derför att

Vad hände sedan?

ingen fans som ville eller kunde åtaga sig dess sak,
då hade hon trädt fram och med oförfäradt mod och
med den själens styrka, som skänkes af medvetandet
att man gör hvad som är rätt och pligt, kämpat för sin
makes arf och sitt fosterlands väl. Då denna uppgift ej
vidare fans, trädde hon tillbaka inom hemmets krets
och egnade sig uteslutande åt de pligter hon hade att
fylla såsom maka och moder. Det är denna förmåga
att under olika förhållanden rätt förstå sin pligt och
att förtröstansfullt handla såsom pligten bjuder, det
är detta som gör, att Kristina Gyllenstjernas namn,
huru än tiderna vexla, städse kommer att med vörd-
nad nämnas.[234]

Ellen Fries, historiker, skriver i sitt verk *Märkvärdiga qvinnor*
1891:

Hon har åt sig förvärfvat ett ärorikt minne, väl värdt
att kännas och älskas. Hennes lefnadssaga har ofta
förtäljts. Den är i många viktiga punkter höljd i ett
dunkel, som ej tyckes kunna skingras. Man skönjer
endast otydligt hennes ädla gestalt i morgongryning-
ens skumma dager, morgongryningen till ett nytt
tidehvarf.[235]

STATYN

Ännu i början av 1900-talet var minnet av Kristina levande.
Exempel på det är den staty som restes på Stockholms slotts
yttre borggård i Stockholm 1912.[236] När förslaget väl kommit
upp om en staty tillsattes en kommitté och en insamling
påbörjades. Theodor Lundberg fick uppdraget och sex måna-

der senare var allt klart för avtäckning. Man bestämde sig för att den 16 december, Kristinas bröllopsdag, var en lämplig dag för ceremonin. En matta breddes ut framför den täckta statyn, och stolar placerades ut. En stor del av kungafamiljen närvarade med kungen, Gustav V, i spetsen men också kronprins Gustaf Adolf och kronprinsessan Margareta, prins Wilhelm, prins Eugen, två prinsessor, med flera. Högvakten marscherade in liksom en högtidligt klädd musikkår och ett par hundra elever från Krigshögskolan. Närmast statyn stod en fanborg av unga från Stockholms läroverk. Men till allt detta kom regeringen, generaler, amiraler och medlemmar i Föreningen för Stockholms fasta försvar, som bildats 1902. Alldeles intill statyn stod medlemmar av ätten Gyllenstierna. Sedan följde kungssången och ett bevarat tal av statykommitténs ordförande, en amiralinna Dyrssen. Så följde fanfarer och slutligen drog kungen av den blågula täckelsen och där stod hon, Kristina, stolt och reslig. Vid hennes fötter står en mörsare och hon framställs som beredd till strid, till försvar för sitt land och sitt folk. Kransar lades ned med minnesband och fosterländska sånger sjöngs. Men festligheterna slutade inte där. På kvällen ägde en fest rum på Svenska teatern och ytterligare tal hölls om Kristinas mod och beslutsamhet. Man uppförde till och med en tablå där man dramatiskt skildrade Sten Stures död på isen och Kristina stående i änkedräkt på Stockholms slottsvallar och hur senare stadens nycklar togs ur hennes hand. I detsamma ska ett hemligt budskap ha getts henne om att Gustav Vasa börjat sitt befrielseuppror och hon ska ha utropat: "När stjärnorna slockna, är morgonrodnaden nära." Det var ju inte historiskt riktigt men en kväll som denna passade det väl in i den allmänna yran.

Vad hände sedan?

I minnesord och tal omnämndes hon nu som "tapper, oförskräckt, driftig och klok", en sann hjältinna. Dagarna efter vandrade allmänheten upp till Slottet för att beskåda den nya statyn.

Kristina Gyllenstiernas staty är ett tidstypiskt uttryck för de nationella stämningarna år 1912. Samma år bildades Svenska pansarbåtsföreningen med syftet att med insamlade medel bekosta byggandet av en pansarbåt, något som 1915 resulterade i pansarskeppet *Sverige*.

Det var då, 1912, men idag är hennes namn i stort sett bortglömt och folk passerar hennes staty utan att egentligen se den. Det är nu snart 500 år sedan det dramatiska året 1520.

19. Theodor Lundbergs staty som är placerad på yttre borggården, Stockholms slott. Foto: Bengt Oberger/the Creative Commons Attribution-Share Alike 3.0 Unported license

Slutord

Kristinas liv började till synes lugnt och fridfullt på familjens gods med en mor och tre bröder. Hennes adliga tillhörighet och äktenskap placerade henne tidigt nära maktens centrum och detta formade hennes liv.

Efter giftermålet var hon en kort period en av många unga adelskvinnor. Men svärfaderns död satte hennes man på rikes högsta position och snart fylldes hennes liv av ett stort ansvar. Det slutade i en personlig katastrof för henne när Sten Sture dog och hon stod ensam med fem små barn. Då gjorde hon vad ingen av rikets herrar gjorde – hon försvarade sitt slott, sin stad och sitt land. Därifrån vände allt till ett liv med dramatik, förfärliga händelser, fångenskap och förlusten av flera barn. Men Kristina var en överlevare.

Det nära släktskapet med Gustav Vasa – han var hennes kusin – går som en röd tråd genom Kristinas liv. Tillit och misstro dem emellan böljade fram och tillbaka. De var nästan jämnåriga. Släkten band samman deras öden. Gustav var ingen lätt person att handskas med. Jag uppfattar henne som envis och modig.

Att genast efter hemkomsten bege sig till biskop Brask i Linköping och begära ett samtal för att sedan sluta en överenskommelse om Ulvåsa, en kvittning, var att markera att nu var hon tillbaka igen och hon tänkte kräva sin rätt. Brask hade klarat sig undan blodbadet och suttit i den andliga domstol som utfärdat kättardomen som bl. a. tog hennes båda bröder Erik och Eskil. Han var en mäktig man. Hon hade kunnat ligga lågt och hålla sig undan men det gjorde hon inte. Hon ville ha tillbaka det som var hennes och hon såg till att skaffa sig det.

Fångenskapen i Danmark hade med all säkerhet varit hård och påfrestande. Hon hade mist minst ett barn och åtskilliga nära släktingar, men det hade uppenbarligen inte knäckt henne. Nu var hon tillbaka och det var nog något som kungen hade fruktat. Hans hårda nypor och omedgörlighet hade gjort honom impopulär och det var han väl medveten om. Inte minst genom alla uppror som, även om de var små och kunde slås ner, ändå var ett tecken på missnöje som skulle kunna utnyttjas av någon med ledaregenskaper.

Sturarna och därmed Kristina hade alltjämt stöd på många håll och ju mer han själv krävde av sitt folk desto mer lockande kunde Sturetiden framstå i minnet. Det ekonomiska läget tvingade honom till idel impopulära åtgärder. Jag tror att han hela tiden var osäker på hur farlig konkurrent hon eller hennes söner skulle kunna vara. Osäker också på hennes ambition och önskan. Skulle hon nöja sig med att bara komma hem? Troligen dök tanken på att "gifta bort" Kristina upp tidigt efter att hon återvänt till Sverige. Jag tror att Kristina insåg att det var klokt att acceptera.

När hennes äldste son höjde upprorsfanan för att ta saken i egna händer blev hon antagligen förfärad. Jag tror att hon försökte rädda Nils men fördes bakom ljuset av kung Gustav. Hans förföljelse av Daljunkern, som jag tror var Nils Sture, visar kungens rädsla för att Sturarnas makt ännu inte var bruten.

Slutord

Hon var en ovanlig kvinna med ett säreget öde och förtjänar att ihågkommas.

Personlista

*(Namnen är inordnade efter det namn
de är mest kända under.)*

ANNA ERIKSDOTTER BIELKE, 1497–1525. Gift med kommendanten på Kalmar slott, Johan Magnusson (Natt och Dag). När han avled på våren 1520 tog hon över som ställföreträdande kommendant. Hon försvarade borgen mot Sören Norbys attacker när han låg utanför Kalmar med sin flotta.

ARCIMBOLDUS, JOHANNES ANGELUS, 1489–1555. Påvligt sändebud och avlatskrämare i Norden.

BANÉR, ESKIL ISAKSSON, ca 1415–1489. Riddare, svenskt riksråd. Skrev sig till Venngarn. Barn: Sigrid Eskilsdotter, gift med Nils Gyllenstierna, mor till Kristina Gyllenstierna; Knut Eskilsson, död 1516–18, riddare, svenskt riksråd och lagman, hövitsman i Stockholm. Skrev sig till Venngarn.

BELDENAK, JENS ANDERSEN, död 1537. Dansk. Biskop av Fyn, diplomat under Kristian II, satt med i kätteridomstolen i Stockholm 1520, biskop av Strängnäs efter den avrättade Mattias.

BENGT GYLTA, riksråd. Avrättad 1520. Gift med Brita Bengtsdotter (Lillie).

Personlista

BRASK, HANS, 1464–1538. Biskop electus av Linköping.

CECILIA MÅNSDOTTER (EKA), ca 1470–1527. Dotter till Måns Karlsson (Eka) och Sigrid Eskilsdotter (Banér), gift med Erik Johansson Vasa, mor till Gustav Vasa. Död i fångenskap i Köpenhamn.

ELISABETH AV ÖSTERRIKE, 1501–1526. Gift med Kristian II, drottning av Danmark.

ERIK TROLLE, 1460–1530. Riksråd och riksföreståndare en kort period 1512. Hölls fången av Sten Sture d.y. 1516–1520. Flydde under en period till Danmark.

GADH, HEMMING, ca 1450–1520. Riksråd, hövitsman över Kalmar, domprost, vald till biskop men tillträdde aldrig formellt. Avrättad i Finland under Kristian II.

GALLE, PEDER, före 1476–ca 1538. Ärkediakon av Uppsala stift, professor i teologi.

GREN, CECILIA HARALDSDOTTER, 1427–1464. Gift med Eskil Isaksson Gren, mormors mor till Gustav Vasa.

GREN, MÅNS. Riksråd, hövitsman på Nyköpings slott, häradshövding i Snevringe. Avrättad i Stockholms blodbad.

GUSTAF TROLLE, 1488–1535. Ärkebiskop 1515–1521. Gustav Vasa erkände honom inte som ärkebiskop och han avvisades som landsförrädare. En av de ansvariga för blodbadet i Stockholm.

GYLER, WULF, död ca 1562. Tysk skrivare, var under en period i Gustav Vasas tjänst som sekreterare och förhandlare. Föll i onåd 1534 och flydde landet.

HOYA, JOHAN AV, greve, död 1535 i Danmark. Riksråd, gift med Margareta Eriksdotter Vasa, syster till Gustav Vasa.

JOHANNES MAGNUS, 1488–ca 1530. Ärkebiskop, ämbetsman och historiker. Sten Sture d.y:s ombud i Rom. Efter 1526 levde han i exil i Rom.

JÖNSSON (TRE ROSOR), TURE, död 1532. Lagman i Västergötland, rikshovmästare.

KLAS KYLE, död efter 1536. Slottsfogde i Stockholm.

KRISTIAN II, KUNG AV DANMARK, 1481–1559. Son till kung Hans av Danmark och Christine av Sachsen.

KRISTIERN BENGTSSON (OXENSTIERNA) D. Y. Riksråd, avrättad 1520 i Stockholms blodbad.

KRUMPEN, OTTO, 1473–1569. Dansk riddare och riksråd, befälhavare i slaget på Åsundens is 1520.

KUSE, ERIK, Riksråd, häradshövding och lagman i Sörmland, fogde på Stockholms slott 1520, avrättad i Stockholms blodbad.

LUNGE, VINCENS, ca 1486–1536. Dansk adelsman, danskt och norskt riksråd, professor i juridik i Köpenhamn. Gift med Margareta, dotter till norske rikshovmästaren Nils Henriksson till Östråt och hans hustru Inger.

MARGARETA ERIKSDOTTER VASA, ca 1489–1549. Kusinbarn till Gustav Vasa. Gift 1:a gången med Erik Knutsson (Tre Rosor), 2:a gången med Berend von Melen.

MATTIAS GREGERSSON (LILLIE). Biskop av Strängnäs, riksråd och lagman i Västmanland och Dalarna. Avrättad 1520 i Stockholms blodbad.

VON MELEN, BEREND, död 1561. Sachsisk militär i Kristian II:s tjänst, riddare, svenskt riksråd, hövitsman på Stegeborgs slott, länsman över Kalmar. Gift med Margareta Eriksdotter Vasa, syssling till Gustav Vasa.

MIKAELSSON, KNUT (MÄSTER KNUT). Domprost i Västerås, Stureanhängare, deltog i det s. k. första dalupproret. Dömd för högförräderi och avrättad 1527 i Stockholm.

MÅNS JONSSON, slottsfogde på Stockholms slott. Avrättad 1520.

NORBY, SÖREN (SEVERIN), ca 1460-80–1530 i Florens. Dansk amiral, länsherre på Kalmar slott och Gotland, riddare.

OLAUS PETRI, 1493–1552. Kansler hos Mattias Gregersson, Stockholms stads sekreterare, bröt med den katolska kyrkan, författare, översatte Gamla Testamentet till svenska.

Personlista

OLOF BJÖRNSSON (HALVMÅNE). Slottsfogde på Stockholms slott, avrättad 1520.

OTTO OLAVI (SVINHUVUD), död 1522. Biskop av Västerås.

PEDER MÅNSSON, död 1534. Biskop av Västerås.

RIBBING, KNUD PEDERSEN och brodern LINDORM halshöggs i Jönköping den 23 januari 1521 på order av Kristian II, anklagade för att ha anstiftat uppror i västra Småland.

RIBBING, NILS. Ståthållare på Jönköpings slott.

SLAGHECK, DIDRIK, död 1522. Dansk, biskop av Skara 1520–1521, ärkebiskop av Lund 1521. Medverkade vid Stockholms blodbad. Avrättad i Köpenhamn 1522.

STAFFAN SASSE, död 1566. Skeppshövitsman och slottsfogde.

STURE, NILS STENSSON, 1512–1528(?). Kristina Gyllenstiernas äldste son.

STURE, STEN D.Y., 1492-93–1520. Riksföreståndare.

STURE, STEN D.Ä., 1440–1503. Riksföreståndare.

STURE, SVANTE D.Y. STENSSON, 1517–1567. Son till Sten Sture d.y. och Kristina Gyllenstierna, riksmarsk, greve, guvernör.

TROTTE MÅNSSON (EKA), ca 1478–1512. Son till Måns Karlsson (Eka) och Sigrid Eskilsdotter (Banér), halvbror till Kristina Gyllenstierna. Riddare, riksråd, innehade Stegeborgs slott och län. Gift med Märta Bengtsdotter (Ulv).

TURESSON (TRE ROSOR), JOHAN, ca 1490–1556. Son till Ture Jönsson (Tre Rosor), riddare, riksråd, hövitsman på Nyköpings slott, gift med Kristina Gyllenstierna.

TÖNNE ERIKSSON TOTT, död 1522 i Åbo. Riksråd, hövitsman på Raseborg och på Viborgs slott i Finland. Halshuggen på Kristian II:s befallning.

ULFSSON (ÖRNFOT), JAKOB, ca 1430–1521. Ärkebiskop, stod bakom grundandet av Uppsala universitet.

VINCENTIUS. Biskop i Skara, avrättad i Stockholms blodbad 1520.

Förkortningar

DN Diarium Norvegiense
GVR *Gustav I:s registratur* 1–29, Stockholm 1861–1916
HR *Hanserecesse*
HSH *Handlingar rörande Skandinaviens historia* 1–40, Stockholm 1816–1860
HT *Historisk tidskrift*
SDHK Svenskt diplomatariums huvudkartotek över medeltidsbreven. Databas, Riksarkivet i Stockholm
ST *Sveriges traktater med främmande magter, jemte andra dit hörande handlingar, utg. af O.S. Rydberg, Tredje delen, 1409–1520,* Stockholm 1895

Bibliografi

Ahnlund 1953
    Nils Ahnlund, *Stockholms historia före Gustav Vasa*, Stockholm 1953.

Alin 1878
    Oscar Alin, "Kristina Nilsdotter (Gyllenstierna)", i: *Redogörelse för Högre elementarläroverket för flickor i Upsala läseåret 1877–1878*, Upsala 1878, s. 1–23.

Allen 1867
    C. F. Allen, *Christiern den Anden. Konge i Danmark, Norge, Sverrig. 1513–1523*, Andet Bind. Første Afdeling, Kjøbenhavn 1867.

Allen 1872
    C. F. Allen, *Frederik den Første, Konge i Danmark og Norge. Gustav den Første, Konge i Sverrig. Christiern den Anden i Udlændighed*, Andet Bind, Kjøbenhavn 1872.

Carlsson 1915
    Gottfrid Carlsson, *Hemming Gadh: en statsman och prelat från Sturetiden. Biografisk studie* (Diss.), Uppsala 1915.

Carlsson 1918
    Gottfrid Carlsson, "En stridsskrift af Berend von Melen mot Gustaf Vasa. Ett fynd i universitetsbiblioteket i Jena", *Nordisk tidskrift för bok- och biblioteksväsen* 5, 1918, s. 1–44.

Carlsson 1920
    Gottfrid Carlsson, "Stockholms blodbad. Några synpunkter och reflexioner", *HT* 40, 1920, s. 123–144.

Carlsson 1922
    Gottfrid Carlsson, "Wulf Gyler i svensk tjänst. Ett bidrag till belysning av Gustav Vasas utrikespolitik decenniet före grevefejden", *HT* 42, 1922, s. 277–315.

Carlsson 1923
   Gottfrid Carlsson, "Wulf Gyler i svensk tjänst. Ett bidrag till belysning av Gustav Vasas utrikespolitik decenniet före grevefejden", *HT* 43, 1923, s. 33–70.

Carlsson 1949
   Gottfrid Carlsson, *Peder Jakobsson Sunnanväder – ett livsöde och en tidsbild*, Lund 1949.

Carlquist & Carlquist 1997
   Jan Carlquist & Jonas Carlquist, *Nådig Fru Kristinas andaktsbok – möte med en bannlyst kvinnas fromhetsliv*, Örebro 1997.

Daae 1875
   L. Daae, "Fru Inger Ottesdatter og hendes døtre", *Historisk tidsskrift*, tredje bind, 1875, s. 224–366.

Ekström 1976
   Gunnar Ekström, *Västerås domkyrkas inventarier genom tiderna* (Västerås kulturnämnds skriftserie, 3), Västerås 1976.

Ellenius 1977
   Allan Ellenius, "Den solomstrålade Maria och passionsmeditationen. Kring några bilder från senmedeltidens Västerås", Årsskrift. *Västmanlands fornminnesförening* LV, 1977, s. 5–18.

Etting 2009
   Vivian Etting, *Margrete I. En regent och hendes samtid*, København 2009.

Fries 1891
   Ellen Fries, *Märkvärdiga qvinnor. Svenska qvinnor*, Stockholm 1891.

Gillingstam 1967–1969
   Hans Gillingstam, "Kristina Nilsdotter Gyllenstierna", i: *SBL* 17 (1967–1969), s. 599–601.

Gillingstam 1973–1975
   Hans Gillingstam, "Jöns Hansson", i: *SBL* 20 (1973–1975), s. 540.

Hildebrand 1901
   Emil Hildebrand, "Gustav Vasa och Berend von Mehlen", *HT* 21, 1901, s. 245–316.

Hildebrand 1918
   Emil Hildebrand, "Dokumenten till Stockholms blodbads förhistoria", *HT* 38, 1918, s. 116–128.

Huitfeldt 1597
   Arild Huitfeldt, *Danmarks Riges Krønike. Fredrik I's Historie*, 1597 (tr. 1977), s. 120–122.

Janssen 1918
   Børge Janssen, *Kristina Gyllenstierna i fängelse*. Bemyndigad översättning från danska originalet av Axel Nihlén, Stockholm 1918.

Kolberg 1914
   Joseph Kolberg, "Aus dem Leben der letzten katholischen Bischöfe Schwedens. 2. Johann Magnus von Uppsala und Herzog Albrecht von Preußen", i: *Verzeichnis der Vorlesungen an der Königlichen Akademie*

zu Braunsberg im Sommer-Semester 1914, Braunsberg 1914, s. 15–48.

Koppmann 1887
Karl Koppmann, "Die Kriminal-Gerichtsbarkeit in Rostock im Zeitalter der Reformation", *Hansische Geschichtsblätter* 1887 (tr. 1889), s. 85–113.

Larsson 1977
Arne Larsson, "Medeltida stiftarbilder i Mälardalen", *Katolsk Årsskrift 1977*, s. 162–209.

Larsson 1969
Lars J. Larsson,"Sören Norbys fall", *Scandia* 1969, s. 21–56.

Larsson 1986
Lars J. Larsson, *Sören Norby och Östersjöpolitiken 1523–1525*, Lund 1986 (Diss.).

Larsson 2002
Lars-Olof Larsson, *Gustaf Vasa – landsfader eller tyrann?* Stockholm 2002.

Lindberg 1942
Folke Lindberg, "Daljunkern", i: *Historiska studier tillägnade Sven Tunberg den 1 februari 1942*, Uppsala 1942, s. 263–296.

Lundh-Eriksson 1924
Nanna Lundh-Eriksson, *Kristina Gyllenstierna*, Stockholm 1924.

Nolin 1962
Catharina Nolin, *Familie potraiter eller Contrafaits: porträttsamlingen på borg*, Nyhamnsläge 2001.

Nyman 1997
Magnus Nyman, *Förlorarnas historia. Katolskt liv i Sverige från Gustav Vasa till drottning Kristina*, Uppsala 1997.

Olaus Petri 1917
Samlade skrifter af Olavus Petri. Fjärde bandet, Uppsala 1917.

Palme 1965
Sven Ulric Palme, "Stockholms kapitulation 1520. Ett rekonstruktionsförsök", i: *Historia kring Stockholm före 1520*, Stockholm 1965, s. 159–169.

Reiter 1943
Paul J. Reiter, *Kristian Tyrann. Personlighet, själsliv, livsdrama*, Stockholm 1943.

Rian 2009
Øystein Rian, "Lunge, Vincens", i: *Norsk biografisk leksikon*, 2009, s. 154–156.

Samuelsson 1925
Sixten Samuelsson, "Daljunkern och Värmland", i: *Värmland förr och nu* 1925, s. 93–99.

Schück 1959
Herman Schück, *Ecclesia Lincopensis. Studier om Linköpingskyrkan under medeltiden och Gustav Vasa*, Stockholm 1959.

Schück 2013
Herman Schück, *Ture Jönsson (Tre rosor), den siste medeltida stormannen* (Sällskapet Runica et Mediævalia, *Opuscula* 17), Stockholm 2013.

Silfverstolpe 1878
  Carl Silfverstolpe, "Anteckningar af Christina Gyllenstierna", *Historiskt Bibliotek* 5, 1878, s. 341.
Sjödin 1943
  Lars Sjödin, *Kalmarunionens slutskede. Gustav Vasas befrielsekrig* I, Uppsala 1943.
Starbäck–Bäckström 1885
  Berättelser ur svenska historien af C. Georg Starbäck, fortsatta af P. O. Bäckström. Band 2. *Medeltiden*. 2. *Kalmar-unionen*, ny, rev. uppl., Stockholm 1885 (nytryck 1891).
Stensson 1947
  Rune Stensson, *Peder Jakobsson Sunnanväder och maktkampen i Sverige 1504–1527*, Uppsala 1947 (Diss.).
Stobaeus 2008
  Per Stobaeus, *Hans Brask, en senmedeltida biskop och hans tankevärld*, Skellefteå 2008.
Stobaeus 2010
  Per Stobaeus, *Från biskop Brasks tid*, Malmö 2010.
Styffe 1884
  Bidrag till Skandinaviens historia ur utländska arkiver samlade och utgifna af Carl Gustaf Styffe. Femte delen. *Sverige under de yngre Sturarne, särdeles under Svante Nilsson, 1504–1520*, Stockholm 1884.
Stålberg 1864
  Wilhelmina Stålberg, "Gyllenstjerna, Christina", i: *Anteckningar om svenska qvinnor*, Stockholm 1864, s. 158–164.
Svart 1912
  Peder Svart, *Konung Gustaf I:s Krönika*, med inledning och ordförklaringar utg. af Nils Edén, Stockholm 1912.
Syse 2003
  Bent Syse (red.), *Långfredagsslaget. En arkeologisk historia* (Upplandsmuseets skriftserie nr 3), Uppsala 2003.
Thorell 1945
  Rune Thorell, "Daljunkerns uppror", *Dalarnas hembygdsbok 1945*, s. 67–102.
Weibull 1969
  Curt Weibull, "Christina Gyllenstierna och Stockholms blodbad", *Scandia* 35, 1969, s. 272–283.
Weibull 1928
  Lauritz Weibull, "Stockholms blodbad", *Scandia* 1, 1928, s. 1–83.
Weibull 1930
  Lauritz Weibull, "Kristian Erslev och Stockholms blodbad", *Scandia* 3, 1930, 117–139.
Westin 1971
  Gunnar T. Westin, "Riksföreståndare, ärkebiskop och domkapitel", i: *idem, Maktkamp i senmedeltidens Sverige. Till Gunnar T. Westin på 60-årsdagen den 29 oktober 1971*, Stockholm 1971, s. 136–157.
Westin 1992–1994
  Gunnar T. Westin, "Peder Jacobsson", i: SBL 28,

1992–1994, s. 783–786.
Wieselgren 1949
Greta Wieselgren, *Sten Sture d.y. och Gustaf Trolle*, Lund 1949 (Diss.).
Wiktorsson 1987
Per-Axel Wiktorsson, "Gamla handlingar angående Malung t.o.m. 1545", *Skinnarebygd. Malungs hembygdsförenings årsbok 1987*, s. 7–53.

Wolke 2006
Wolke, Lars Ericson, *Stockholms blodbad*, Stockholm 2006.

Noter

1. Gillingham 1967–69.
2. Styffe 1884, nr 388.
3. "Jag Sten Svantesson i Geddeholm, riddare, gör veterligt med detta mitt öppna brev, att jag med kärlighet och god vilja" osv.
4. Silfverstolpe 1878, s. 341; Lundh-Eriksson 1924, s. 10f.
5. Bönboken låg länge bortglömd i den Rålambska samlingen på Kungliga biblioteket i Stockholm. Den har uppmärksammats av Jan och Jonas Carlquist som till stora delar översatt den och skrivit kommentarer.
6. Silfverstolpe 1878, s. 341.
7. Silfverstolpe 1878, s. 341. Enligt Göran Henriksson var det fullmåne den 3 december 1512 ca kl 12, vilket i juliansk kalender motsvarar den 23 november, alltså S. Clemens dag. Söndagen före, den 21 november, var månen alltså inte riktigt full, men Kristina kan ha uppfattat det så.
8. Den 1 maj enligt Silfverstolpe.
9. Den 8 januari enligt Silfverstolpe.
10. Den 8 januari enligt Silfverstolpe.
11. Den 14 december enligt Silfverstolpe.
12. Den 28 augusti enligt Silfverstolpe.
13. Möjligen den 30 december enligt Silfverstolpe.
14. Ekström 1976, s. 154.
15. Latinska texten: TESTAMENTUM DOMINI STENONIS SVANTESSON GVBERNATORIS REGNI SVECIE ET EIVS CONSORTIS DOMINE CHRISTINE ANNO DOMINI MDXVI ORATE PRO EIS. Ekström 1976, s. 52.
16. Ekström 1976, s. 52f.
17. Ekström 1976, s. 52f.
18. Larsson 1977, s. 199.
19. Brev från intendent Eva-Lena Karlsson på Nationalmuseum till författaren den 29 september 2015. Se även Nolin 1962, kat. nr 3.
20. Anders Lif har vid ett besök på museet skrivit en betraktelse

över deras öden och påpekat att kopior av dem finns i Västerås stadshus, där de är lättare att beskåda. http//www.anderslif. se/index.html-reliefer.html.
21. Ellenius 1977, s. 6f.
22. Etting 2009, s. 30.
23. Olaus Petri 1917, s. 262.
24. SDHK nr 37866. Brevet är daterat 17 juni 1516.
25. SDHK 37929.
26. SDHK 37962. Brevet är daterat den 21 december 1516 i Skara.
27. SDHK 37964. Brevet är daterat den 28 december 1516 i Skara.
28. SDHK 37183. Brevet är daterat 23 mars 1512 i Tullgarn.
29. SDHK 37303. Brevet är daterat 16 december 1512, denna gång i Stockholm.
30. SDHK 37493. Brevet är daterat den 13 november 1513 på Svartsjö. Alla ovanstående brev finns nu i Sturearkivet på Riksarkivet.
31. SDHK 37807. Brevet är daterat 31 december 1515 på Venngarn.
32. SDHK 37947. Brevet är daterat 19 november 1516.
33. Rättslig term för de förpliktelser en slottsinnehavare hade till länsherren, i det här fallet riksföreståndaren.
34. Leo X som föddes som Giovanni de' Medici var påve mellan 1513 och 1521. Den konstälskande Leo var mecenat för män som Michelangelo och Rafael. Han förknippas särskilt med byggandet av Peterskyrkan i Rom och det var till dess byggande som Arcimboldus sändes ut för att skaffa pengar med hjälp av avlater.
35. Wieselgren 1949, s. 162
36. HSH 24, s. 67–69.
37. HSH 24, s. 71.
38. Wieselgren 1949, s. 197.
39. Westin 1971, s. 144.
40. Wieselgren 1949, s. 93.
41. Stobaeus 2008, s. 52ff.
42. Weibull 1928, s. 49ff. Beslutet finns kvar i avskrift i HSH 24 (1840), s. 94–98. Det utfärdades av inalles sexton personer, däribland fyra biskopar, men intressant nog också av ofrälse borgare och allmoge som dalkarlar och andra bergsmän. Det är tydligt att man var mån om att få på pränt den breda uppslutningen bakom beslutet och att det var just ett riksdagsbeslut fattat i laga ordning. Detta beslut kom att få stor betydelse längre fram.
43. Westin 1971, s. 141.
44. Carlsson 1949, s. 53.
45. Biskop Birger var de nordiska rikenas primas och påvens ombud även för Sverige.
46. Allen 1867, s. 50f. med not 37.
47. Ahnlund 1953, s. 442ff.
48. Elisabeth, som urspr. hette Isabella, av ätten Habsburg var dotter till kung Filip I av Kastilien och Johanna den vansinniga. Hennes båda bröder, Karl V och Ferdinand I, var i tur och ordning tyskromerska kejsare. Vid bröllopet var Elisabeth 14 år.
49. Enligt Wolke 2006, s. 97 är 6 000–7 000 man en troligare siffra för den danska hären.
50. Olaus Petri 1917, s. 282.
51. Olaus Petri 1917, s. 282.
52. I övers. "att han var benägen till välvilja och vänskap med herr Sten och att han ingalunda ville övergå till rikets fiender."
53. Styffe 1884, nr 496. Brevet

skrivet i mitten av februari 1520.
54. Styffe 1884, nr 506. Brevet är daterat söndagen 6 maj 1520 i Stockholm. SDHK 38371.
55. Allen 1867, s. 215 med not 73.
56. Styffe 1884, nr 510. Brevet, på latin, är avsänt från hans biskopsgård Norsholm den 19 juni 1520.
57. Carlsson 1949, s. 75 med not 2.
58. Styffe 1884, nr 500. Brevet är skrivet på tyska och daterat i Stockholm den 26 februari 1520.
59. Stensson 1947, s. 229.
60. Stensson 1947, s. 233 med hänvisning till HR III:7 (1905), s. 545f.
61. HR III:7 (1905), s. 566.
62. Stensson 1947, s. 232.
63. Starbäck-Bäckström 1885, s. 676.
64. Olaus Petri 1917, s. 288.
65. Schück 2013, s. 8.
66. Schück 2013, s. 87.
67. Det vill säga Olaus Petri.
68. Olaus Petri 1917, s. 285. Skerpentiner var kanoner med ett långt, smalt rör och liten kaliber.
69. Syse 2003; Wolke 2006, s. 106f. I samband med markarbeten år 2001 hittat man hittat en av dessa massgravar i backen nedanför slottet. Osteologer har kunnat påvisa att det rör sig om ett 60-tal män mellan 20 och 30 år med svåra huggskador. Troligen finns det andra oupptäckta gravar i närheten.
70. Carlsson 1915, s. 316, not 1.
71. Det vill säga rask, duktig.
72. Styffe 1884, nr 516.
73. Weibull 1928, s. 21.
74. Wolke 2006, s. 114–117.
75. Palme 1965, s. 166. Brevet är daterat den 3 september 1520.
76. Dokumentet finns endast i avskrift, i två olika långa versioner.
77. ST, nr 593b. Språket moderniserat.
78. Gustav Trolles klagoskrift är bevarad i en avskrift som ingår i sententian, avkunnad av särskilt utvalda domare den 8 november, bevarad i original på pergament. Texten återges hos Weibull 1928, s. 9–11.
79. Schück 1959, s. 144.
80. Texten i HSH 24 (1840), s. 94–98.
81. Weibull 1969, s. 277.
82. Weibull 1969, s. 278.
83. Domen återges hos Weibull 1928, s. 11f.
84. Weibull 1969, s. 280.
85. Weibull 1930, s. 135. De har enl. honom räknats som meningsfränder, "credentes", till de bannlysta.
86. Olaus Petri 1917, s. 297.
87. Olaus Petri 1917, s. 295. Mäster Olof var diakon hos ärkedjäknen Laurentius Andreæ i Strängnäs.
88. Olaus Petri 1917, s. 295f. Min normalisering av originalet.
89. Carlsson 1920, s. 128.
90. Carlsson 1920, s. 134, not 2, hänvisar till ett dokument i danska riksarkivet av vilket det framgår att mer än 24 borgarhem plundrades.
91. Hos Wolke 2006, s. 149 finns en odaterad lista över föremål som konfiskerats från bl.a. Sigrid Banér, Kristinas mor. Det handlade bl.a. om en större mängd kontanter och en kanna och tre stop i silver samt ett

ortodoxt radband. Också hos hennes bror Nils Eskilsson (Banér) hämtades kontanter och silverföremål. Många adelsfamiljer hade en stående bostad i Stockholm. Man beslagtog nu också hela hus.
92. Tryckt hos Hildebrand 1918, s. 116–124.
93. Tryckt hos Weibull 1928, s. 17–21.
94. Hildebrand 1918, s. 116f.
95. Kyrkan, som ligger mitt i Köpenhamn, var en av stadens äldsta. Den skadades svårt i en brand år 1795 och är numera en profan byggnad.
96. Uppgiften kommer från Stålberg 1864, s. 164, tyvärr utan belägg.
97. Lundh-Eriksson 1924, s. 43f. Enligt henne ska Kristian till och med gett sig på och slagit sin hustru. Hon nämner dock ingen källa.
98. Allen 1872, s. 149.
99. Carlsson 1949, s. 76 med not 1. Brevet finns i HR III:7 (1905), s. 796. Storm har rätt när han skriver att pojkarnas "groetmoder" reste tillsammans med dem. Men eftersom danskan, liksom tyskan, inte skiljer på farmor och mormor tog han fel på person. Det var inte herr Stens mor utan Kristinas mor, alltså Sigrid Banér. Sten Stures mor var död sedan länge.
100. HSH 23 (1839), s. 26.
101. Stensson 1947, s. 237.
102. Sjödin 1943, s. 233–235.
103. Reiter 1948, s. 195 hänför detta omdöme till Lauritz Weibull, utan angivande av exakt ställe.
104. Reiter 1948, s. 195.
105. Janssen 1918, s. 224.
106. HR III:8 (1910), s. 462.
107. Stobaeus 2010, s. 202.
108. Lundh-Eriksson 1924, s. 51.
109. http://www.bygdeband.se
110. Larsson 1969, s. 26.
111. Larsson 1969, s. 28 med hänvisning till not 12.
112. Hildebrand 1901, s. 271f.
113. Larsson 1986, s. 8.
114. Allen 1872, s. 14 och 176.
115. Alin 1877–1878, s. 18.
116. GVR 2, s. 24.
117. Janssen 1918, s. 225.
118. HSH 18, s. 276–279. Brevet är daterat den 1 april 1525.
119. Allen 1872, s. 61; Larsson 1969, s. 31.
120. Larsson 1969, s. 30.
121. Stensson 1947, s. 281.
122. Brevet är bevarat hos Huitfeldt 1597, 120–122.
123. Larsson 2008, s. 27.
124. SDHK 38870. Brevet som är daterat i Danzig den 30 april 1529 finns i original.
125. GVR 5, s. 388f. Brevet är skrivet på Gripsholm, troligen någon gång mellan 9 och 14 februari 1528.
126. Nyman 1997, s. 16.
127. Nyman 1997, s. 11 med not 2.
128. Stobaeus 2010, s. 199 med not 685 och 686.
129. Carlquist & Carlquist 1997, s. 135.
130. Carlquist & Carlquist 1997, s. 101.
131. Stobaeus 2010, 202ff.
132. SDHK 38808, Wiktorsson 1987, s. 39–41 (nr 19). Min översättning.
133. Carlquist & Carlquist 1997, s. 142 med not 52.
134. Carlquist & Carlquist 1997, s. 100–102. Anteckningarna

återges inte men tycks vara av mindre intresse.
135. Hildebrand 1901, s. 270.
136. HSH 17, s. 123f.; Stensson 1947, s. 254.
137. HSH 23, s. 21–28; Stensson 1947, s. 203. Brevet är daterat den 1 dec. 1524.
138. GVR 1, s. 276.
139. Westin 1992–1994, s. 786.
140. Westin 1992–1994, s. 784.
141. Stensson 1947, s. 246 med not 4. Brevet från Tuna landsting till kungen är daterat den 18 februari 1522.
142. Allen 1872, s. 151.
143. Stensson 1947, s. 248 med not 1.
144. HSH 23, s. 14–21.
145. Stensson 1947, s. 319.
146. GVR 3, s. 373f.
147. Stensson 1947, s. 326f.
148. Stensson 1947, s. 271.
149. GVR 4, s. 104–106.
150. Lundh-Eriksson 1924, s. 54f. GVR 4, s. 120: *Tiil ffrw Cirstine Kære frw C wij sendhe eder son Nielss til eder effter hans eghieth begærilse, velformærkiandis ath han ganska föghe kan formere siigh j toght oc goda sidher hoss oss ther han ganska ringe wil achte sina thiænisth oc haffuer plath ingen vilia heller kærligh ath wara vijd handhen ther wij ære, vthan heller vnduicher, oc dragher siigh frå oss e hwre han thet bekomma kan Endoch thet ær oss e mot hoc wij therföre honum straffat haffue med ordh oc skælig aga Synes oss för then skuld rådeligit vara attj pa nogon tijd seer honum före pa en annan stadh ther han kan ytermere forbætre siigh icke fordriffwandis tidhen så onytthelige oc når j bliffue fortenckte hwarth eder tyckes forsendhen vele tha gerna med vår förscriffuelse fordha oc fræmia honum til thet bestha*
151. Skalk betyder ung. skälm, skurk.
152. Larsson 2002, s. 158.
153. Om Daljunkern, se Samuelsson 1925, Lindberg 1942 och Larsson 2002, s. 149–164.
154. GVR 4, s. 83–85. Brevet är daterat i Uppsala.
155. Brevet, skrivet på papper, daterat i Malung den 14 april 1527, är bevarat i original på Uppsala Universitetsbibliotek, E 252. Jfr Samuelsson 1925, s. 95–99. Lindberg 1942, s. 266.
156. Skrivelsen i original är daterad den 19 maj 1527 med underskrift från Mora, Kopparberget och Orsa och försedd med Daljunkerns sigill.
157. Lindberg 1942, s. 272.
158. GVR 4, s. 433.
159. GVR 4, s. 159f. Daterat den 5 maj 1527.
160. GVR 4, s. 181.
161. Lindberg 1942, s. 293.
162. Rian 2003.
163. GVR 4, s. 444f. Lunges brev är daterat i Rise i Jämtland den 19 december 1527.
164. GVR 4, s. 198. Brevet daterat i Västerås den 18 juni 1527.
165. GVR 4, s. 200–215, särsk. 205. Brevet daterat i Västerås med supplerat datum 22–24 juni 1527.
166. GVR 5, s. 245. Brev från Lunge till Gustav den 9 mars 1528.
167. Lindberg 1942, s. 275.
168. GVR 5, s. 216, 219, 250f.
169. GVR 5, s. 211. Original på papper i Kongl. Danska Geheime-Archivet. På

originalet finns ett sigill med
Natt och Dag i längden och
omskriften S. Nils Sture.
170. Lindberg 1942, s. 276.
171. Wiktorsson 1987, brev nr
23 och 24 (SDHK 38822 och
38823).
172. GVR 5, s. 253.
173. Wiktorsson 1987, nr 19. Brevet
daterat på Östråt den 30 januari
1528 under "mitt signet", det
vill säga Daljunkerns/Nils sigill.
174. Brevet är odaterat men av
innehållet att döma bör det
hänföras till 1528. SDHK 38795;
Wiktorsson 1987, s. 48f. (nr
25).
175. GVR 5, s. 216f.
176. Daae 1875, s. 261f.
177. GVR 5, s. 245f. Brevet är daterat
den 9 mars 1528 på Fosen.
178. Carlsson 1922, s. 307.
179. GVR 5, s. 249–251. Brevet
daterat på Fosen den 17 april
1528.
180. GVR 5, s. 262f. Brevet daterat
på Bergenhus den 24 april 1528.
181. Lindberg 1942, s. 281 med
hänvisning till en skrivelse från
riksrådet den 10 mars 1528 om
att Daljunkern ska heta Jöns
Hansson. GVR 5, s. 54.
182. Gillingstam 1973–1975.
183. Daae 1875, s. 268f.
184. Carlsson 1923, s. 35.
185. HR III:9 (1913), nr 507. Efter
Vibeke Winges danska övers.
Brevet är daterat den 10 juli
1528; om det stämmer kan
brevskrivaren inte ha upplevt
Daljunkerns avrättning.
186. Carlsson 1922, s. 308 med
not 1. Odaterad kopia i GVR
5, s. 181f. Brevet bör ha
skrivits omkring 20 juni enligt
Carlsson.
187. Carlsson 1922, s. 308, not 2.
Original i Rostock, daterat
29 juni 1528 i Stockholm.
Odaterad kopia i GVR 5, s. 182f.
188. Carlsson 1922, s. 308f.
189. Carlsson 1922, s. 310.
190. Carlsson 1922, s. 310f.
Originalet finns i Rostocks
Ratsarchiv.
191. GVR 5, s. 124. Brevet daterat i
Lidköping den 7 augusti 1528.
192. Carlsson 1922, s. 312.
193. GVR 5, s. 289.
194. Carlsson 1922, s. 311.
195. Archiv der Hansestadt Rostock,
U1p 1528 Aug. 8.
196. GVR 5, s. 114–120.
197. GVR 5, s. 38f. Brevet är daterat i
februari 1528 (troligen 9–14) på
Gripsholm slott.
198. Fries 1891, s. 79.
199. Svart 1912, s. 94.
200. Thorell 1945, s. 96, med not 89.
201. Ett annat sätt att utan
Kristinas vetskap sigillera i
hennes namn kan ha varit att
göra en blyavgjutning av ett
sigillavtryck. Så gjordes en
gång 1523 med Gustav Vasas
medgivande med det kungliga
svenska sigillet, se Carlsson
1918, s. 24.
202. Carlsson 1922, s. 313.
203. Carlsson 1922, s. 307ff.
204. GVR 5, s. 281. Brevet är daterat i
Karmsund den 30 augusti 1528.
205. Gillingstam 1973–1975.
206. Koppmann 1887, s. 109f.
207. Koppmann 1887, s. 109f.
208. Skrivelser till Gustav I
(1526–1530), fol. 55, RA.
Delvis publicerat i HR III:9
(1913), nr 511; partiet om
Daljunkern är dock inte med
där. Min text bygger på Vibeke
Winges tydning och danska

översättning av det relevanta
partiet.
209. Enligt Carlsson 1922, s. 314, lämnade han och Johan Hoya Rostock redan före domen den 25 september.
210. Det vill säga undergå kvartering. I domen (Koppmann 1887, s. 109) står bara att han skall halshuggas.
211. Carlsson 1922, s. 314. Han nämner tyvärr ingen källa till uppgiften, men det framgår att han läst Gylers brev.
212. Carlsson 1923, s. 45 not 1.
213. Koppmann 1887, s. 85f. I flera av hans exempel på dödsdomar, även Daljunkerns, finns frasen "såvida herrarna [rådet] inte beviljar honom nåd" (min översättning). I vissa fall innebar detta bara en ändring av avrättningsmetod, t.ex. från hängning till halshuggning, i andra fall omvandling av dödsstraffet till förvisning. Om inget sådant nämns får man väl anta att någon anhållan om nåd inte gjordes.
214. GVR 5, s. 290–292. Brevet är daterat i Schwerin den 20 och 23 november 1528.
215. rette kan betyda både döma och avrätta. Jag tror att den senare betydelsen är troligare här eftersom straffet annars borde ha angetts.
216. Ur *Rechnungsbuch der Gerichtsherren 1520–1552*, f. 16, Rostocker Ratsarchiv. Kopia skickad till författaren av Bodo Keipke, Archiv der Hansestadt Rostock.
217. Eller: avrättad; det lågtyska ordet richten kan betyda både döma och avrätta.
218. Min översättning av Vibeke Winges tolkning av det opublicerade dokumentet, skrivet på tyska. Summan av mark blir 217, av shilling 39. Om man räknar 16 shilling per mark ger det 2 mark och 7 shilling. Den rätta summan borde då vara 219 mark och 7 shilling. Siffran efter 200 är ändrad och därför otydlig, men ser mest ut som 18. – Summa summarum (summornas summa) och den höga siffran 485 visar att ytterligare intäkter nämnts på föregående sidor.
219. Kolberg 1914, s. 29–31.
220. corruptam societatem accepit, malum usum induit atque ita infeliciter in fata concessit.
221. *Nordisk familjebok* 5 (1906), s. 1178. Artikeln är författad av Uppsalaprofessorerna Oscar Alin (död 1900) och Simon Johannes Boëthius.
222. Carlsson 1922, s. 304.
223. Lindberg 1942, s. 289f.
224. Larsson 2002, s. 152.
225. Samuelsson 1925, s. 99. Gottfrid Carlsson skall muntligen ha framfört hypotesen till författaren.
226. Svart 1917, s. 98.
227. Schück 2013, s. 64–72.
228. GVR 6, s. 39f.
229. GVR 6, s. 375ff.
230. GVR 6, s. 377f.
231. Schück 2013, s. 80f. och Larsson 2002, s. 192, vilka båda tror att Gustav låg bakom mordet.
232. Bröllopet stod den 3 mars 1538 på Nyköpingshus.
233. Svante och hans söner Erik och Nils dödades i de s.k. Sturemorden i Uppsala den 24 maj 1567. De begravdes

i Uppsala domkyrka. Deras
blodiga kläder, som sparades av
Märta, finns ännu att beskåda i
domkyrkans dräktkammare.
234. Alin 1878, s. 23.
235. Fries 1891, s. 51.
236. I *Meddelanden från föreningen för Stockholms fasta försvar* 15 (1912), s. 15–22, berättas om händelserna.

Personregister

A

Abrahamsson (Leijonhufvud), Erik 65, 77, 80, 90, 104
Ahnlund, Nils 58
Albrecht av Preussen 197
Alin, Oscar 133, 214
Allen, C. F. 64, 117, 133
Andersen Beldenak, Jens (biskop) 99, 111, 111–112
Andreæ, Laurentius 153
Anundsson (Sture), Gustav 31
Arcimboldus, Johannes Angelus 57–60, 111
Arendsson (Ulv), Bengt 71, 81
Arendsson (Ulv), Johan 90
Arvid av Åbo (biskop) 91
Axelsson Tott, Åke 31

B

Banér, Erik 125
Banér, Sigrid. *Se* Sigrid Eskilsdotter Banér
Bengtsdotter (Lillie), Anna 116
Bengtsdotter (Lillie), Brita 115
Bengtsdotter (Ulv), Märta 115
Bengtsson, Herman 188
Bengtsson Ryning, Olof 56
Bengtsson (Sparre), Knut 65, 72
Bille, Claus 92, 93
Bille, Ove 176, 210

Birger (ärkebiskop) 57
Björnsson (Halvmåne), Olof 35, 71, 81
Bosson Sture (Natt och Dag, Nils 22, 32, 33
Brahe, Brita 115
Brahe, Ebba 27
Brahe, Joakim 115, 198
Brahe, Per 115
Brask, Hans (biskop) 50–53, 71, 94, 96, 98, 99, 100, 128, 133, 134, 142, 144, 151, 152, 156, 205, 219, 220
Brun, Severin 139
Bryntesson (Lilliehöök), Måns 115, 133, 206, 207
Bårdskärare, Lambrekt 105

C

Carlsson, Gottfrid 56, 73, 118, 176, 182, 185, 193, 199–200, 202
drottning Christine av Sachsen 120

D

Daae, Henrik 169, 174

E

drottning Elisabeth av Österrike 92, 109, 116, 121, 123
drottning Elisabeth I av England 170
Ellenius, Allan 28

Personregister

Engelbrektsson, Olav (ärkebiskop) 153, 156–157, 168, 172, 173, 176, 191
Erengisledotter (Gädda), Iliana 17, 18, 19, 34
Ericson Wolke, Lars 62
kung Erik av Pommern 40, 108
Eriksdotter (Leijonhufvud), Brita 212
Eriksdotter (Leijonhufvud), Margareta 211
Eriksdotter (Leijonhufvud), Märta 21, 23, 209, 211, 213
Eriksdotter (Vasa), Margareta 114, 146, 195, 198
Eriksen Gyldenstierne till Aagaard och Restrup, Niels 13
Eriksson (Bielke), Nils 147
Eriksson (Bielke), Ture 206
Eriksson (Gyllenstierna), Erik 13, 28
Eriksson (Gyllenstierna), Nils 12, 13, 14
Eriksson (Tott), Tönne 81
Eriksson (Vasa), Gustav 9, 14, 27, 29, 43, 56, 86, 91, 93, 99, 109, 110, 113, 114, 119, 125–127, 130–142, 146, 147, 148, 151–163, 165–177, 179–182, 188, 189, 195, 198–201, 210, 212, 213, 216, 219
kung Erik XIV 212
Erlandsson (Bååt), Peder 71, 81
Eskilsdotter (Banér), Sigrid 12, 13, 14, 15, 17, 36, 91, 95, 98, 101, 107, 114, 118, 128, 140, 152, 159, 184, 222
Eskilsson (Banér), Knut 36
Eskilsson (Banér), Nils 86
Etting, Vivian 30
prins Eugen 216

F

drottning Filippa 108
kung Fredrik I 123, 126, 131, 135, 153, 173–174, 175, 179
Fries, Ellen 215

G

Gadh, Hemming 34, 47, 56, 81, 86, 89, 89–90
Galle, Gunnar 77
Galle, Peder 109
Gedda, Nils 16, 17
Gereksen, Jöns 53
Geting, Erik 109
Gregersson (Lillie), Mattias (biskop) 35, 54, 64, 65, 71, 76, 77, 86, 89, 102
Gren, Bengt 81
Gren, Måns 47, 64, 67, 70, 71, 78, 81, 104
Grym, Peder 153, 157, 168, 172–173, 176
kronprins Gustaf Adolf 216
Gustavsson (Sture), Sten 31
kung Gustav V 216
Gyler, Wulf 180–181, 190, 193, 194
Gylta, Bengt 115
Göransson (Tott), Åke 115
Göthe, Lasse 77

H

kung Hans 17, 30–31, 40–44, 48, 120
Hansson, Jöns 176, 181, 190, 191, 196, 199, 203
Haraldsdotter Gren, Cecilia 14
Haraldsson, Magnus (biskop) 134, 206, 207
Hass, Lasse 105
Helbregda, Johan 77
Henrik Målare 24
Henriksson, Staffan 79
Hildebrand, Emil 110
Holste, Gorius 92
Homuth, Jürgen 102, 106
Hoya, Johan 173, 180, 182, 190, 193, 194, 198–199
Huitfeldt, Arild 120
Hök, Sven 94

I

Ibsen, Henrik 202
Isaksson Banér, Eskil 14
Iserhel, Herman 180

J

Jakobsson, Peder 37, 56, 57, 70, 72, 73, 74, 86, 113, 117, 118, 119, 151–159, 161, 162, 165, 170, 176, 191
Johansson (Tre Rosor), Gustaf 213
Johansson (Vasa), Erik 102, 114–115
Jute, Henrik 147

Jönsdotter Roos af Ervalla, Birgitta 115
Jönsson (Tre Rosor), Ture 68, 69, 70, 77–78, 148–149, 184, 189, 205–207

K

Kansler, Peder. Se Jakobsson, Peder
Karlsdotter (Bonde), Birgitta 33
Karlsson (Eka), Måns 14
kejsar Karl V 123, 212
Kavle, Mats 206
Keipke, Bodo 186, 197
Klasson (Halvmåne), Nils 206
Knudsdatter (Gyldenstierne), Anne 210
Knutsson (Bonde), Karl 13, 18, 28, 29, 31, 40, 108
Knutsson (Ribbing), Nils 115
Knutsson (Ros), Erik 102
Koppmann, Karl 192
Krafse, Hans 138
kung Kristian II 23, 29, 40–43, 46–48, 52, 54–63, 67, 70, 71, 75–77, 80, 85, 105, 111, 119, 120, 132–139, 146, 154, 179–180, 195, 198
Kristiernsson (Oxenstierna), Sten 46–47, 67
Krumpen, Otto 60, 61, 63, 70, 75, 76, 92, 93
Kurck, Arvid (biskop) 81
Kuse, Erik 71, 81, 89, 90
Kyle, Klas 71, 81, 86

L

Larsson, Lars-Olof 160, 200
Laxmansdotter, Else 36
påven Leo X 44, 47, 106
Lindberg, Folke 172, 176, 200
Lundberg, Theodor 214, 215
Lunge, Ove 172
Lunge, Vincens 168, 170, 172, 174, 175–176, 179, 200
Lykke, Nils 92

M

Magnus, Johannes (ärkebiskop) 139, 154, 156, 159, 197
Magnus, Olaus 81, 106
Magnusson (Bonde), Tord 206

Magnusson (Natt och Dag), Johan 80
drottning Margareta 34, 39, 89
kronprinsessan Margareta 216
Mattias av Strängnäs. Se Gregersson (Lillie), Mattias (biskop)
kejsare Maximilian 149
von Melen, Berend 93, 126–127, 131–132, 146–147, 180, 194, 198, 210
von Melen, Henrik 147
Mikaelsson, mäster Knut 152–154, 156–158, 162, 165
von Minkwitz, Georg 198
Månsdotter (Eka), Cecilia 14, 99, 114, 114–115, 140
Månsson (Eka), Trotte 36, 115
Månsson, Peder (biskop) 156
Mårtensson, Olof 168

N

Nielsen Skrivare, Knud 75, 195
Nielsen, Tomas 90
Nilsson (Färla), Bengt 56
Nilsson (Gyllenstierna), Erik 56, 95, 102, 115, 220
Nilsson (Gyllenstierna), Eskil 95, 102, 220
Nilsson (Krumme), Mikael 81
Nilsson, Michel 71
Nilsson (Natt och Dag), Svante. Se Sture, Svante
Nilsson, Svante. Se Svante Sture
Norberg, Rune 24
Norby, Sören 93, 104, 112, 114, 116, 125, 130–139, 146–148, 148, 198

O

Olofsdotter (Stenbock), Anna 115
Olofsson (Vinge), Nils 206, 207
Ottesdatter Rømer, Inger 157, 168, 169–170, 174, 176, 191

P

Parkow, Jakob 85
Pedersen, Christiern 144
Pedersen (Gyllenstierne), Knud 138
Petri, Olaus 23, 30, 63, 64, 65, 77, 78, 84, 85, 89, 94, 98, 104, 105, 106, 110, 146

Personregister

Podebusk, Preben 90
Posse, Axel 206

R

Rantzau, Elof 92
Reiter, Paul J. 120
Ribbing, Lindorm 109
Ribbing, Peder 109
Roosval, Johnny 24
Ryning, Erik 86, 87, 90, 96, 116

S

Sasse, Staffan 73, 75
Schück, Herman 77
Siggesson (Sparre), Göran 56
Siggesson (Sparre), Lars 56
kung Sigismund 74
Silfverstolpe, Carl 18
Slagheck, Didrik 102, 104, 111, 112
Slagheck, Henrik 112
Sledorm, Henrik 78–79
Smed, Peder 94
Stenbock, Erik 23
Stenbock, Katarina 212, 213
Stensdotter (Bielke), Birgitta 31
Stensson (Gren till Ål), Harald 14
Stensson, Rune 136, 152, 154, 156–157, 158
Stigsen (Hvide), Otte 132
Stobaeus, Per 51, 127, 144
Storm, Ambrosius 118
Sture d.y., Sten 9, 11, 17, 21, 22, 24, 26, 27, 34–37, 40–47, 50, 51, 53, 55–59, 61, 63–65, 67, 68, 73–75, 81, 95, 101, 102, 106, 129, 153, 167, 173, 202, 219
Sture d. y., Svante 129, 176, 195, 203, 209, 209–213
Sture d. ä., Sten 28, 30–33, 40, 42, 48, 68, 84
Sture, Magdalena 23
Sture, Nils Stensson 73, 126, 131, 134, 136, 144, 147, 159–163, 165–177, 188–189, 194–198, 199–203, 220
Sture, Svante 17, 22, 23, 28, 33, 34, 40, 42, 56, 72, 73, 81, 129, 197
Sture, Sven 34
Stålberg, Wilhelmina 214

Sunnanväder, Peder. *Se* Jakobsson, Peder
Svantesson (Sture), Sten. *Se* Sture d.y., Sten
Svart, Peder 151, 165, 177, 187, 200, 202
Svensson, Erik 47
Svinhufvud, Otto (biskop) 72, 76, 99, 100

T

Thorell, Rune 184, 200
Tomasdotter van Vitzen, Sigrid 14
Tott, Ingeborg 31
Trolle, Erik 40, 41, 44, 49, 52
Trolle, Gustaf 9, 44–55, 58, 61, 64, 71, 76, 79, 90, 93, 94–97, 96, 99–101, 110, 118, 126, 154
Turesson (Tre Rosor), Johan 148–149, 184–185, 189, 207, 213
Turesson (Tre Rosor), Jöran 109, 206–208

U

Ugerup, Erik 172, 174
Ulfsson, Jakob 15, 41, 44, 46, 48, 51, 52, 95

V

Vincent av Skara (biskop) 77, 102
Weibull, Curt 97, 99, 100
Weibull, Lauritz 101
Westin, Gunnar 153
Wieselgren, Greta 50
prins Wilhelm 216
Willoms, Sigbrit 121, 122, 123

www.ingramcontent.com/pod-product-compliance
Lightning Source LLC
Chambersburg PA
CBHW031749230426
43669CB00007B/545